娘よ、ドイツに行ってみたら？

カバー写真：Marco Borggreve

本書に登場するドイツの主要都市

ドイツは1970年当時の東西ドイツ、州境は現在のもので表した。

プロローグ　協奏こそが音楽だ

冷たい雨がそぼ降る２０２２年12月22日。

東京・築地の浜離宮朝日ホールでは、アコーディオン奏者・御喜美江《みきみえ》と、その教え子・大田智美による「アコーディオン デュオリサイタル」の幕が開こうとしていた。

開演の30分前、午前11時半。

ホール入り口のホワイエ付近では、世界を牽引《けんいん》するアコーディオン奏者の共演を今か今かと待ち望む観客らが列をなし、華やかな熱気に満ちていた。

２０１９年末からの世界中を混乱の渦に陥れたあの忌まわしい疫禍のせいで、珠玉の生演奏を一堂に会して聴く機会を私たちは長い間奪われてしまった。

一方、そのおかげで思い知ったこともある。

それは、どれほど音楽が私たちの心を癒してくれるのかということ、先を見通せず暗く沈む気持ちに、いかに芸術が一筋の光を照らしてくれるのか、ということだった。

正午、開演のベルが鳴る。

黒のドレスに身を包んだ二人が舞台に姿を現すと、客席から大きく温かい拍手が沸き起こる。

◇

御喜美江は長年ヨーロッパを中心に世界で活躍し、現在、ドイツのエッセンにある名門フォルクヴァンク芸術大学の副学長を務めている。彼女のＣＤ「平均律クラヴィーア曲集」は、ドイツで最も権威のある「オーパス・クラシック賞」の2018年度ソリスト部門に輝き、まさに「世界的アコーディオンの女王」と言える。

美江の生い立ちについては、まず特筆すべきことがある。

今から半世紀以上前の1970年、その時代としては圧倒的に若い13才という年齢にして、当時の西ドイツ、トロッシンゲン市立音楽院のアコーディオン講習会に、はるばる日本から一人で参加したことだ。この学校は数々の音楽家を生み出したアコーディオンの名門として知られている。

1週間の講習を終えて帰国すると、美江は中学校に通うかたわら、ドイツ語を猛勉強した。そして入学資格を満たす年齢の16才で再び単身渡独し、この学校に正式に入学した。以降、クラシック・アコーディオンの世界を文字通り切り拓き続ける存在として、バロックから現代音楽までありとあらゆるジャンルを自由自在に演奏する。ピアノやヴァイオリン、打楽器、ハープなど、さまざまな楽器との共演も多い。

◇

ホールにこだまする拍手を受けて舞台で一礼した美江と大田は、互いに視線を合わせた。うなずき合って、静かに呼吸をそろえる。

1曲目の演奏が静寂を心地良く破った。

林光（1931〜2012）による『裸の島』（野田雅巳編曲）。哀切で美しい旋律が重なり溶け合って、アコーディオン特有のふくよかな音色がホールを包み込む。プログラムによると、楽曲は同名の映画（1960年、新藤兼人監督）のテーマ音楽としてつくられたという。

「この映画は逃れ得ない運命の下で人が懸命に生きていく姿を、一切の虚飾を挟まずに写し撮ったものとして高い評価を受け、第2回モスクワ映画祭でグランプリを受賞した。切々と胸に迫る旋律が印象的なこの曲も、作曲賞を受賞している」

（プログラム、いわきアリオス音楽学芸員・足立優司氏の文章より抜粋）

強弱や緩急を鮮やかに生み出しつつも、切なげに息を合わせ、映画の世界観を紡ぐように奏でていく音楽家二人の姿に、客席の誰もが釘付けになった。

美江は語る。

「音楽は生き物なので、一応できる限りの計画を立てるものの、実際には予想もしなかったことが起こり、生きているからこその深い感動もある。音楽とはそういう時間そのものの芸術であり、そうあるべきだと思うのです。だからこそ〝生で聴く音楽〟の意味を私たちは忘れないようにしなければ。生きているからこそ、音楽はずっと千年以上続いてきたのですから」

2曲目はがらりと様相を変える。

「音楽の父」J・S・バッハ（1685〜1750）による『幻想曲とフーガ ト短調BWV542』。美江本人による編曲だ。

パイプオルガンをほうふつとさせる荘厳な旋律と音色が、ホールを一気に教会に変える。細かなパッセージもたがわずに、二人は〝大バッハ〟の音を綿密に再現していった。

１９７７年、美江は日本で、岩城宏之が指揮する札幌交響楽団でデビューした。その10年後にはサントリーホールと、翌年のカザルスホールにおいて、いずれもそのオープニングシリーズでソロリサイタルを行った。これまでに、小澤征爾指揮のサイトウ・キネン・オーケストラや、スイス・ロマンド管弦楽団、佐渡裕指揮のベルリン・ドイツ交響楽団といったオーケストラとの共演もたくさんある。

荘厳なバッハの旋律をこつこつと再現し、ホールに響かせ、美江とその教え子の大田は喝采を浴びた。

◇

このように輝かしい経歴を持つ美江がアコーディオンと向き合い続けてきたその心の礎には、彼女が両親から受け継いだ、ある考えが根付いている。

それは、

「音楽は競い合うものでなく、共に奏でるもの——」。

音楽とは「あの人が1位」「この人が金賞」などと勝ち負けにこだわるものではなく、共に奏でるものである。そこにこそ音楽の醍醐味《だいごみ》がある、という考え方だ。

では、この「音楽とは協奏だ」という信念に基づき、演奏の切磋琢磨に専念できる楽器とは、果たしてどんな楽器がいいのだろう——両親、特に父親がそう自問を続けた末にたどり着いた楽器がアコーディオンだった。

呼吸を送り、呼吸を合わせ、まるで小さなオーケストラを両腕に抱え込むことさえ可能と思わせる楽器、アコーディオン。演奏家人口がピアノやヴァイオリンに比べて少なく、過酷な競争がないだろうことも一つの理由だった。

◇

満員となった客席の後方では、美江の母・晶子が演奏を見守っていた。娘の奏でる音色について、97才の晶子はその魅力をこう語る。

「直感みたいなものですけれど、聴いた音を逃がさない。『こう歌いたい』『こう奏でたい』、そういう音をちゃんとつかんで弾くんです。音楽を捉え、捕まえていく力を感じます」


そうして3曲目が始まった。

北欧の作曲家グリーグ（1843〜1907）による『ホルベルク組曲 Op.40』（内田祥子編曲）。グリーグが同郷の作家の生誕200年記念祭のために書き下ろした、曲調の異なる5曲からなる組曲だ。

ある場面では力強く、ある場面では軽やかに。

まるで森の木立を吹き抜ける風のように、美江たちは旋律を奏でていった。


「美江には絶対音感があるみたい」

晶子は娘が幼少の頃からその才能に気づいていた。

美江の紡ぐ音楽には、譜面の単なる再現にはとどまらぬ独特な感情が乗っている。

アコーディオンの蛇腹《じゃばら》に送り込む空気には、確かな温度の存在を感じる。

温もり、物寂しさ、剣呑さ、力強さ。

包まれるように座席に身をうずめた晶子はつぶやいた。

「楽譜通りに弾いているんじゃないなって思うのね。ハートで弾いているの」

美江のこの豊かな表現力、それを惜しげもなく開放する力強さの源流とは、一体どこから来ているのだろう。

1970年。

まだ中学一年生、若干13才の美江をひとり、海の向こうへ送った母のその決断こそが、世界に誇るアコーディオン奏者を生み出した。

この本は、五十年の時を経て母・晶子がその軌跡を振り返る物語だ。

第1楽章：始まりの旅路

１９７０年３月18日、東京国際（羽田）空港。

私は13才の娘・美江の手を取り、国際線の出発ロビーに立っていました。

美江は赤いコートに同じ色の帽子をかぶり、私とつないだ反対側の手に、新しく買ってあげた可愛らしい水色のトランクを持っています。小さな肩には、重い、けれども輝くようなアコーディオン。

４才半の頃からアコーディオンを教えて下さった師匠・伴典哉《ばんのりや》先生も、晴れやかな表情を浮かべてお見送りにいらしてくださいました。これから美江は西ドイツのトロッシンゲン市で、復活祭に合わせた短期講習会「イースター・アコーディオン・ゼミナール」を受講するために一人で羽田を発つのです。講習は１週間、移動などを含めると12日間の旅路です。

当時、西ドイツはアコーディオンの先駆でした。

南西部に位置する小さな町トロッシンゲンは、「黒い森」を意味するシュヴァルツヴァルトの野原と、モミの木の森と丘に囲まれています。

町には「HOHNER《ホーナー》」という有名な楽器製造会社があり、トロッシンゲン市立音楽院の後援もしています。ヨーロッパ各地から若き音楽家の卵たちが集まってくる町です。

講習会には約1千人の生徒が参加する予定ですが、日本からの、しかも中学生の生徒は美江たった一人。

美江にとって、長い長い一人旅。まさしくこの日が、娘のアコーディオン人生における旅の始まりとなるのでした。


このころはまだ成田空港が開港するはるか前。アメリカと当時のソビエトによる冷戦で世界は東と西とに分かれ、にらみあっていました。

現在、ロシアとウクライナがこんな事態になるつい最近まではロシア上空を飛んでいた飛行機も、当時はアラスカのアンカレッジ空港を経由するか、アジアの各都市を延々と経由していかなければなりませんでした。美江の行き先であるヨーロッパも北回りと南回りの2種類があり、美江は南回りのコースをたどることになりました。

羽田からバンコク、カルカッタ、カラチを経由し、ローマで乗り継いでフランクフルトまで。実に26時間もの旅となります。海外へ行くのも初めてです。
今でこそ若い時分での留学や海外研修は珍しいことではないかもしれません。しかし時は1970年。13才の女の子が大人の同伴もなく、たった一人で海外に行くこと自体、とても珍しいケースだったと思います。

渡航に際し、私が用意したものがあります。
ネックレスのように首からかけられるようにした日英2カ国語のカードです。
場所がわからなくなってしまった時、
飛行機の乗り換えでカウンターを探す時、
電話をかけたいとお願いする時、
簡単な自己紹介……。
さまざまなパターンの「困った時」を想定して、カードを見せながら簡単に会話ができるようにしたものです。娘を一人で送り出す私にできるのはそのくらいでした。

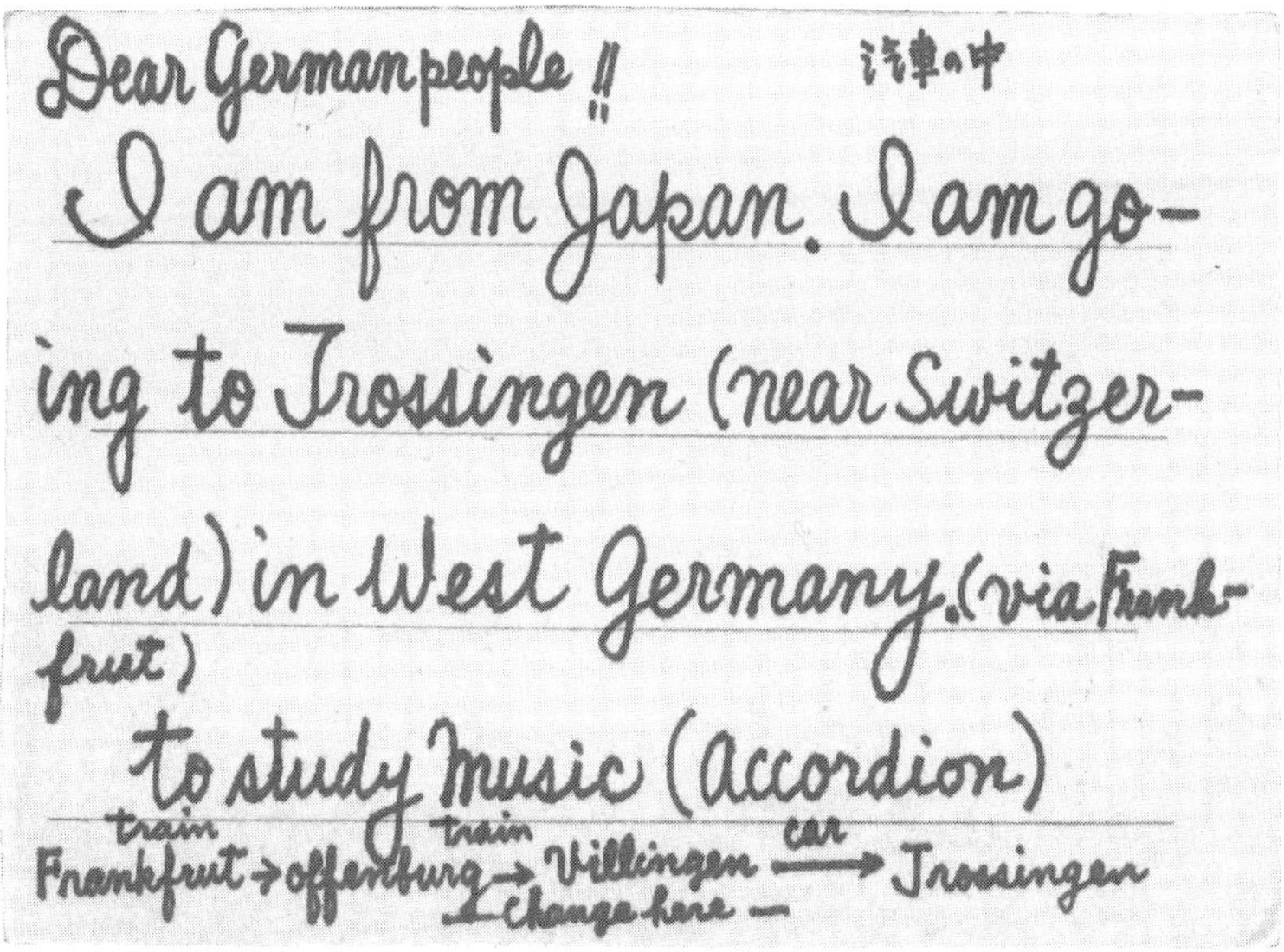
Dear German people !!　汽車の中
I am from Japan. I am go-
ing to Trossingen (near Switzer-
land) in West Germany. (via Frank-
frut)
to study music (Accordion)
Frankfrut →(train) offenburg →(train) Villingen →(car) Trossingen
← Change here →

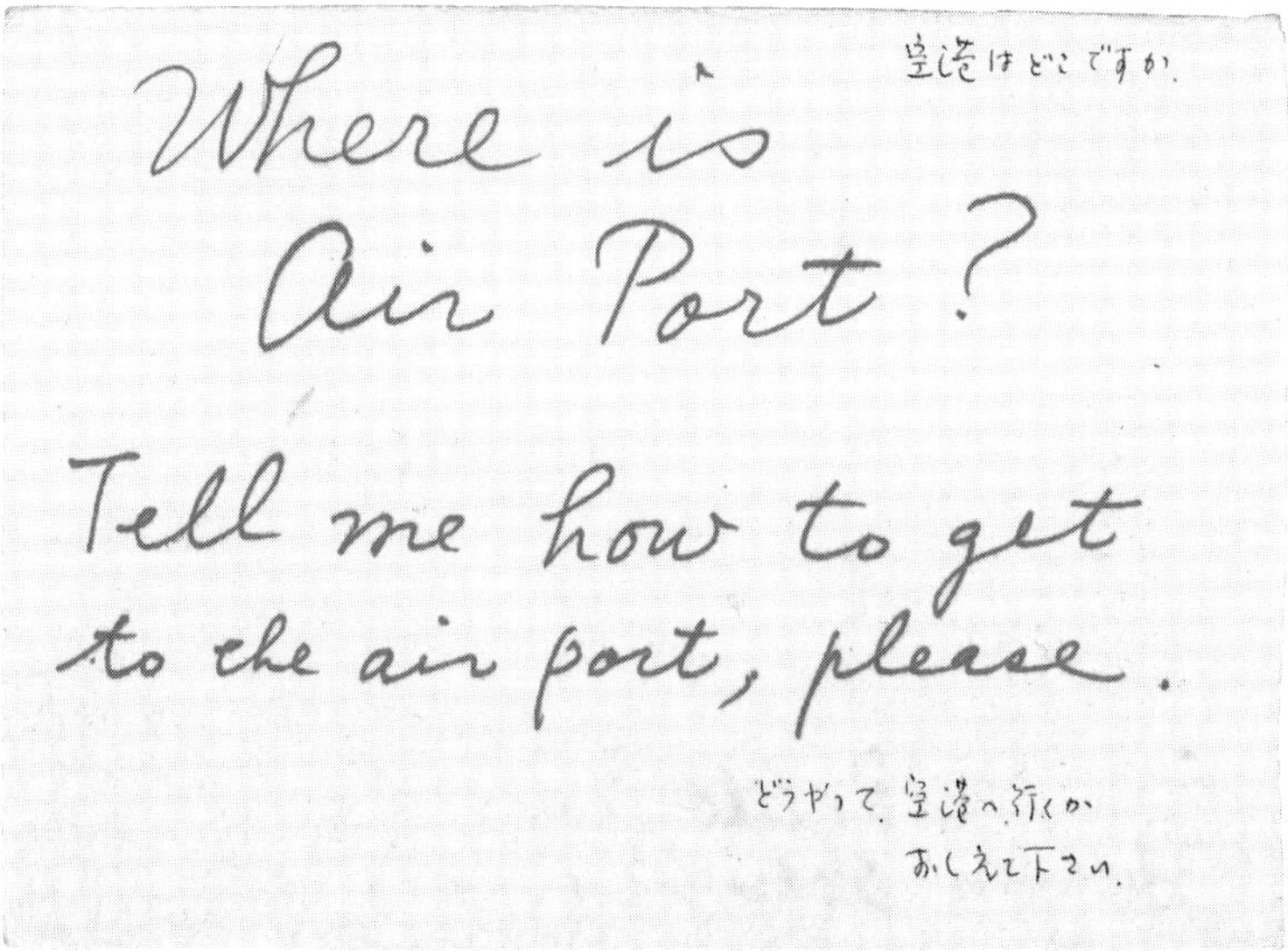
空港はどこですか.
Where is
Air Port?
Tell me how to get
to the air port, please.
どうやって、空港へ行くか
おしえて下さい.

ふと美江の表情が気になり、そっと横顔をうかがいました。

赤いコートに身を包んだ娘は、これから始まる日々を想像しているのか、まっすぐな瞳で窓の外を眺めています。

視線の先は西ドイツに定められているのでしょう。

講習会ではきっと厳しい指導が待っています。

まだまだ子どもだと思っていたのに、いつの間にか夢を持ち、それを叶えようとする意志を備えていたのね――。


出発便の最終案内が羽田空港のロビーに響きわたりました。

いよいよ旅立ちの時。娘とはお別れです。……こんな風に書くと、「たった十数日でおおげさな！」と笑われてしまいそうですが、習い始めの英語もおぼつかない中学一年生の子どもを一人で旅立たせるのは、少なくとも当時では考えられないことでした。

「くれぐれも体にだけは気をつけて！」

そう声をかけ、私たちは赤いコートが見えなくなるまで、いつまでもいつまでも手を振り続けました。

◇

思い起こせば偶然に偶然が重なって実現したドイツ行きでした。

ものの本によりますと、アコーディオンとはハルモニウム（リード・オルガン）の一種だそうで、２本のベルトで肩からかけて、蛇腹を伸縮させながらリードに空気を送っていく楽器です。

右手側にはピアノのような鍵盤が縦に並び旋律を奏でます。左手側ではベースとコードによるボタンで旋律に伴奏をつけることができます。

左側のボタンがない合奏用アコーディオンは、地域差はあるかもしれませんが、かつては小学校でも一度は触る身近な楽器でした。そういった親しみやすい楽器であるにも関わらず、日本では当時、アコーディオンの高等専門教育のカリキュラムがほとんどありませんでした。専門的に学ぶには、本場ヨーロッパで学ぶよりほかありません。

4才の幼少からアコーディオンに注力してきた娘に、この先も専門的に学べる良い学校がどこかにないものだろうか——。

美江がアコーディオンに夢中になればなるほど、評価を得れば得るほど、私たちはそう考えるようになりました。

ニューヨークに住む友だちからアメリカの音楽学校の事情を教えてもらったり、アコーディオンの楽譜を送ってもらったり。そんなふうにあれこれ探したりしている最中に舞い込んできたのが、トロッシンゲン市立音楽院のイースター講習会でした。

そもそもの始まりは、私の友だちからの連絡でした。

私が女学校時代を送った東京・三鷹の明星学園《みょうじょう》。その時の同級生の娘さんが、ヴィオラを学ぶために数年前からフランスやドイツの音楽院に留学していました。

1969年も終わる頃、その娘さんがドイツ南部のフライブルク音楽大学で学んでおられて、たまたまトロッシンゲン市立音楽院の「イースター講習会」のチラシに目を留めたのです。

美江がアコーディオンを習っていると知っていた娘さんは、わざわざそのパンフレットを東京のご実家に郵送し、お母さまもすぐ私に手渡してくれました。

先にも記しましたが、トロッシンゲンは西ドイツの南西部にある町です。その頃の人口は６千人程度と聞いていまして、ずいぶんと小さな町だという印象がありましたが、トロッシンゲン音楽大学や国立青少年音楽アカデミーといった音楽教育を専門とする機関がいくつかあり、今も「音楽の街」として知られています。

ウィーンの時計職人がトロッシンゲンに持ち込んだハーモニカを生産したことから、町は楽器生産でも有名となりました。１８５７年にはハーモニカやアコーディオンで世界的に有名なホーナー社が設立されました。

小さな町に音楽好きな若者たちが集うトロッシンゲン。その町の講習会の存在は、ドイツではよく知られていました。

「アコーディオンの講習会があるみたいよ」

帰るなり私は、パンフレットを美江に差し出しました。

内容はドイツ語で、何が何だか詳しいことはさっぱり分かりません。それでも、どうやらイースター休暇中に開かれる、演奏技術を高める講習会であるらしいことだけは読み取れました。

美江はじっとパンフレットを見つめました。

少しして頭の回路がつながったのか、ぱっと明るい表情になって飛び跳ねました。

「行きたい、行きたい！　何が何でも行かせてください！」

そんな反応が返ってくるだろうとは予想はしていましたが、それにしても驚くほどの即答です。

（まだ行ったこともない遠い国、ドイツ。不安はないのかしら）

（一人で旅することはできるのかしら）

今とは時代が違います。１９６４年に海外渡航が自由化されてからまだ6年ほどしか経っていない時期で、海外旅行や留学なんて夢のまた夢。それでも娘の輝く瞳を見ると、私も迷ってはいられません。

この子がこの子らしく生きるために、私にできうる限りの協力はしていこう。

この時、そう心に決めたのです。

さぁ、そこからが大変です。まずは申し込みから始めなければなりません。それはスタート地点に立つための小さな小さな一歩ですが、しかしドイツ語の分からない私たちにとっては大きな大きな難関です。パンフレットに添えられた申込書で分かるのは日付ぐらいでした。

ドイツ語の文章を前に思い悩んでいると、美江の父、つまり私の夫である正《ただし》さんが、翻訳を頼める人がいるかもしれないと言い出しました。正さんは当時、学校の先生として働いていました。勤務先の同僚のご主人が、なんと偶然にもドイツ語の大学教授をしているとのこと。

「その方に翻訳を頼んでみようか」

「わぁ、それは助かります。ぜひお願いします！」

とはいうものの、正さんは初めから留学に賛成だったわけではありません。でもこの時には快く話を進めてくれました。実はそれには深い理由があったのですが、このことは後に書き記します。

ともあれ、正さんが同僚を通じドイツ語教授の先生にパンフレットをお渡しすると、先生は即座に
「私で良ければ、すべて日本語に翻訳しますよ。どれどれ……」

と目を通してくれました。


これまでの演奏歴は？

師事している先生は？

使っている楽器は？


詳しく書き記すように指示されていたものを、先生は一つひとつ丁寧に日本語に訳して

くださいました。私はその訳を見ながら日本語で回答を書き、先生へお戻しします。それをまた先生がドイツ語で記入してくださいます。

そんな風に先生の助けを全面的にお借りして、どうにかこうにか申込書は完成しました。

この時点で、講習会の開催まですでに2～3カ月を切っていました。当時は夢中で資料を整えていましたが、迫りくる時間の中で中学生の娘の背中を押してまだ見ぬ国へと旅立たせるなど、97才の今からしたら、我ながらよくやったものだと思います。でも、その時の私はまだ40代。当時の娘にも言えることですが、知らぬが故の若さは勇気ともなるのでしょう。迷いや悩みは一切ありませんでした。正確には、迷ったり悩んだりする時間的余裕がなかったからこそできたのかもしれません。

（ちゃんと届いたかしら）

（参加許可は下りるのかなぁ）

申込書を投函してからというもの、自宅の郵便受けをのぞいてはソワソワする日々を送りました。

そして数日後。見慣れぬ封筒が届きました。はるか遠いトロッシンゲンから、「受け入れオーケー」の通知が来たのです。

「来た！」

「本当に来た！　ドイツに行けるのね！」

美江は飛び上がって喜びました。そんな姿を見て私たちも嬉しくなりました。

これで娘は、本場の地で本格的な学びができる。

先のことはまだ何も分からないけれど、娘の道を明るく照らす何かにはつながるはず。

素直に喜ぶ美江はまだ幼さが残る子どもですから、この先にどんなに厳しい世界が待ち受けているのかその時点では想像もついていなかったことでしょう。

それでも日本を飛び出して広い世界を見てみることは、きっと娘に大きな収穫をもたらしてくれるはず。

親として、できる限りその背中を押してやりたい。

その思いはどんどん強まるばかりでした。

参加許可が下り、次はトロッシンゲンに行くための交通手段を調べなければなりません。

すぐに国鉄に勤めている親戚に相談すると、ありがたいことに彼はドイツ鉄道に連絡を入れ、ドイツの鉄道に協力してもらうよう掛け合ってくれました。

飛行機を降りたフランクフルトからトロッシンゲンまでは列車を数回乗り換えなければなりません。その乗り換えの際に現地の係員と連携を取って、なんとその都度、東京の我が家に報告してくださることになったのです。

これでドイツでの移動は一安心。

次にやることは宿舎探し。言葉も分からないのにどうしようか迷っていましたが、こちらは音楽院のほうで手配してくださることを知り、ホッと胸をなでおろしました。

そうそう、向こうの鉄道に乗る前に、日本からちゃんとドイツにたどり着けるのか、空の旅の準備もしなければ。私は日本航空の方々に連絡を入れ、中学生の娘が遠大な南回り便の乗り換えを無事できるようお力添えを頼みました。

日本からドイツまでの空路。
ドイツに着いてからの陸路。
そして滞在先。

周りの方々の協力を取り付け、なんとかサポート態勢が整いました。

そもそも講習会の存在を知ったのは友だちからですし、翻訳してくださる方がいたのも旅程を無事セッティングできたのも、本当に様々な方のお力があってこそできたこと。このうちのどれか一つでも欠けていたら、美江のドイツ行きは実現しなかったでしょう。
子どもが夢を叶えるのに一番必要なのは本人の努力、そしてその子の力を信じる親の気持ちやサポートですが、それだけでは難しい場合もあります。私たちはたくさんの方々のご厚意やご支援に支えられました。

そうして迎えた出発の日。

美江を見送り空港から自宅に戻ると、まだ旅立ったばかりだというのに、私は電話の前で連絡を待ちました。


次の日。

じりじりと焦がれる思いで見つめ続けた電話がついに鳴りました。

「もしもし、御喜でございます！」

呼び出し音が鳴ったかどうかも分からぬうちに受話器を上げると、電話口のお相手は日本航空の職員さん。

「娘さんは無事乗り換えもでき、西ドイツ・フランクフルトの空港に到着しましたよ」

ほっと胸をなでおろしました。

次は鉄道旅です。

いつも通り家事をしているつもりでも、内心は気もそぞろ。視線はついつい電話に向かいます。

長く感じられる時間をひたすら耐えて過ごしていると、またも突然電話の音が鳴り響きました。

「はい！　御喜でございます！」

食器洗い中の水が指先からこぼれ落ちるのも構わず、飛ぶように駆けつけて受話器を取り上げると、電話の向こうからも息せき切った声が聞こえます。

「秘書のハマダでございます！　ただいま、美江さんは○○駅でお乗り換えになったそうです！」

ハマダさんは国鉄の親戚の秘書を務めている方です。こちらの落ち着かない気持ちが伝染したのか、美江のいちいちの動向にハマダさんの声もなんだか興奮気味。以降我が家には、娘の鉄道旅の分岐の度にハマダさんの声が響きました。

「秘書のハマダでございます！　先ほど○○駅で乗り換えられたそうです！」

「秘書のハマダでございます!!　ただいま○○駅とのこと！」

「秘書のハマダでございますっ……!!」

娘と直接つながる術のない私たちにはどれほどありがたく、またどれだけ頼りになる響きだったことでしょうか。

「秘書のハマダでございます！」

少し高い声で発せられるこのフレーズは、半世紀を経た今も感謝の念をもって耳を離れません。

さて、そんな風に色々な方々に見守られる旅を経た美江がトロッシンゲンに着くと、なんと校長先生が直々に駅まで迎えに来てくださっていました。遠い東洋の国から13才の女の子がたった一人でやってくる。先方もさぞびっくりされたのでしょう。

いよいよ本場ドイツでの講習会の幕が開けます。

遠く日本にいる身では、美江にしてあげられることはありません。せめてもの思いで学校に宛て、娘へと手紙を送りました。今のようにメールや携帯がないばかりか、おいそれと国際電話もかけられない時代。通信手段は手紙しかありません。

数日後、さっそく美江からの返事が届きました。それはそれは興奮気味に、筆致が踊っていました。いくつもの国境を越えて送られてきた、娘からの最初のお便りです。

1970年3月23日　夜8時

今日、学校でパパやママからのお手紙をいただきました。美江のことを本当に心配して下さって、読んでいたら急に家に帰りたくなってしまいました。

体の方はもう慣れて、大丈夫ですからご安心ください。

私が通っているトロッシンゲン市立音楽学校は、ホーナーが後援している市立校です。ですから伴先生たちが言っていたように、アコーディオン界では世界で一流の学校というわけです。

（中略）

学校自体はあまり大きくないけれど、みな、なかなか素晴らしいテクニックを持っています。はじめ、ガブリエル・シャッツ先生という若い女の先生につきました。その方はいろいろとドイツ音楽を教えてくださいました。ドイツというところは段階があって、はじめから上の先生につくことはできないのです。一番上の先生が、マリアンヌ・プロブスト先生です。

〇〇さんからたまたま写真を頼まれていたので、その一番上のマリアンヌ・プロブスト先生に持って行きました。そうしたらそれがものすごく運が良くて、「〇〇さんのこと、よく知っていますよ。あなたもはるばる日本から来たのなら、一度聴いてあげてもいいわよ。〇〇さんの知り合いの方ですからね」と言ってくれたのです。

まさかこんなすごい先生に聴いてもらえるとは思わなかったです。それで、「嬉しいです、ぜひ聞いて下さい！」と頼んでインペリアルを弾いたら、またまたそれがいつもより良くできてしまい、「なかなか良いテクニックを持っていますね」と言われ、「シャッツ先生でもいいけれど、よろしければ明日から私が教えてあげましょう」と言ってくれたのです！

まさか、夢みたい！　と思いました。それで、1時間ばかり教えてもらいました。

詳しいことは言えませんが、私の弾き方はだいたい蛇腹の使い方が乱暴だということ、野性的だということです。〇〇さんが1位になれなかった理由は、それだそうです。カーニバル・オブ・ヴェニスを中心に指導してもらいました。そして、明日までにとたくさん宿題を出されたので、これから練習します。

私の蛇腹の使い方が悪いので、プロブスト先生は「○○さんはあれだけできるのに、蛇腹の使い方のせいで1位になれなかった。美江にはそういう経験をさせたくないから、今からみっちり蛇腹と左手の使い方の練習をするように」と言いました。練習は厳しい人ですが、とても親切な方のようです。

それから通訳の田村さんのことですが、会ってみたらとっても良い人でした。同じ音楽をやる人なので、通訳もすごくうまくいきました。プロブスト先生も「どうしても田村さんにいてほしい」と言いました。

確かに、言葉が通じないと、せっかくドイツへ来たのに値打ちが十分の一くらいになってしまいます。田村さんは「同じ日本人として放っておけない。通訳料なんて気にしないで、あなたのいたい時まで私もいたいと思ってるわよ」と言ってくれました。

それから美江は、フェット校長のご紹介で、ラインホルド・トリヒティンガーさんという方の家に泊めてもらっています。とっても親切なおうちです。

これから3時間くらい一生懸命練習します。

（中略）

田村さんには、今はいてもらうことにします。本当にゴメンなさい。自分でもドイツ語を覚えようとしていますが、まだあいさつぐらいです。

パパ、ママ、兄ちゃんも身体に気をつけて、美江のこと心配しすぎて倒れないでね。

さようなら。

厳しいながらも充実した日々を過ごしていることが伝わってきて、私たちは胸をなでおろしました。また、世界的に有名なアコーディオンの先生に演奏を見ていただけたことが、現実のことではないように思いました。

ドタバタではありましたが、娘をドイツに送り出して良かった。手紙を閉じると安堵のため息が漏れました。

娘からの手紙にもあるように、講習会での通訳は田村美和さんという方にお願いしておりました。田村さんは私たちにもわざわざ事前に手紙を書いてくださっていました。娘を一人で送り出す私たちにとって、現地で田村さんがついていてくださることは大きな安心材料となっていました。

田村さんからの手紙も、私は大切に保管しています。

フライブルグ　1970年3月12日

ただいま、3月8日付の速達を拝見致しました。お返事申し上げます。

私が初めてベルリンへ一人で参りました時には、一応ドイツ語は話せましたし、お嬢様よりも10才も年上になっておりました。にも関わらず、ただ一人の知り合いもない中でかなりみじめな思いを致しました経験から考えまして、一応あのような予定をお立て致しました。

ベルリンのような〝大所帯〟の場所ですと、新入生などが参りますと〝古ダヌキ〟が呼び出され、学校の方は全くサービスなどあったものではございませんが、（中略）

やはり町は小さくなるほど学校も〝家族的な親切〟になって来るようでございますから、トロッシンゲンの学校もかなり信用して大丈夫ではないかと存じます。

　もちろん大切なお子様を勉強にお出しになるご両親のお気持ちとご信頼、それにご経験からご判断なさったことですので私は何も申し上げる必要も何もないと存じますが、ただちょっと経験から考えてみまして、もしもトロッシンゲンで世話をしてくれる方々に英語が通じなかった場合……、多分大丈夫だとは存じますが、込み入ったこととなると英語が通じないドイツ人も多いことと存じますので。

　19日にお着きになって、その様子でお嬢様に判断していただきまして、「これはもう日本語↓ドイツ語でなければだめだナ」ですとか、「どうもここの人たちの目つきはアヤシイ」とか、そういう時にはどうぞ電話をしてくださされば、20日にでもお助けに上がります。（中略）私のおりますところの電話番号をこちらにおいておきますから、きっと連絡はつくと存じます。

　親切な学校のことですし、ご心配は一切ないと安心しております。日本から参りますと時差などのため、2、3日ボーッとしてしまいますので、そのようなことのないように、数日前から栄養と睡眠にはじゅうぶんお気をつけくださいませ。それから何となく神経が疲れ、胃がストップを起こしやすいものでございますから、一番お身体に合う胃のお薬だけはお忘れになりませんように。

（中略）

このイースター講習会の日々をお嬢様が有効にお使いになり、ご生涯にプラスになるよう、楽しい勉強の日々を過ごされますようにお祈りしております。

大切なかわいいお嬢様のご旅行のために私たちができる限りの努力をすれば、神様はきっとお守り下さることと信じております。くれぐれも御身御大切に遊ばされますように。ごきげんよろしゅう！

田村美和

田村さんの手厚いサポートがなければ、トロッシンゲンでの日々はここまで満足のゆくものにはなっていなかったことでしょう。美江自身、現地での経験を通じ、言葉の壁というものがどれほど高いものであるか、そしてその壁を越えて言葉を交わすことがどれほど大切なことか、じゅうぶんに理解したことと思います。

さて、1週間の厳しい講習会を終え、美江が日本に帰る日になりました。その際、予想もしていなかったことが起こりました。

美江はトロッシンゲンから汽車でスイスのチューリッッヒまで行き、そこから飛行機でフランスまで移動して、パリのホテルで団体旅行のグループと合流し帰国する予定になっていました。ところが西ドイツ国内の通信機関がストライキに入ってしまい、電話もテレックスも通じません。行きと同じく行程を報告してもらいながら帰る予定が、誰にも連絡が取れなくなってしまったのです。

そんななか音楽院の運転手さんが駅まで送ってくれ、スイスに向かう国際列車にはなんとか乗ることができました。

列車に揺られること数時間、チューリッヒの駅にたどり着きました。でも今度は空港への行き方がわかりません。どこだどこだと迷っているうちに、娘は駅前で飛行機のマークが付いた大きいバスを見つけました。

(飛行機のマークがあるっていうことは、きっとこのバスは飛行場に行くんだろう。

……えぇい、乗っちゃえ！)

瞬時に判断すると、そのままバスに乗り込みました。

近くには優しそうな女性が座っていたので、パスポートと航空券を見せてみました。年端も行かぬ東洋人の女の子が一人で国際線に乗ろうとしていることは奇異に映ったのでしょう。気遣うようにいろいろと話し掛けてくれました。

女性は空港に着くや美江をスイス航空のオフィスへと連れて行き、搭乗手続きまで行ってくれました。

こうしてその方のおかげで、美江はパリ行きの飛行機に乗ることができたのです。

けれども機内に入ったは良いものの、またしても問題が立ちはだかります。フランスへの入国審査書の書き方がわからないのです。

戸惑っていたところに、背後から日本語が聞こえてきました。偶然乗り合わせていた日本人のご夫婦が入国審査書の書き方を教えてくれました。こうしてなんとか事なきを得て、パリの空港に降り立ちました。

一人で旅をしている女の子にたいそう驚いたこのご夫婦は、空港でタクシーを捕まえ、美江の行き先であるツアーの合流場所を運転手さんにお伝えし、送り出してくださいました。ここでもいろいろな方のお力添えによって、どうにか日本に帰る飛行機に乗ることができたのです。

それにしても、誰の判断も仰げない状況で、「飛行機のマークがついている」というだけでバスに飛び乗るというのは、天の助けというか無謀というか……。いまさらながらに娘の度胸と決断力に感心した出来事でした。

その年の5月に発行された、ある音楽雑誌への美江の寄稿文をご紹介します。

■「トロッシンゲン音楽院　春季講習会に参加して」

プロブスト先生からの個人レッスン1週間

御喜美江

3月18日、私は伴先生や家の人たち、その他たくさんの方々に見送られてアコーディオンを肩にかけ羽田を飛び立ちました。

美しい夜景の香港、そして暑い暑いバンコックを経てローマでいったん乗り換え、フランクフルト空港に着いたのは26時間の飛行の後でした。

まだ空をふわふわ飛んでいるような気持ちでドイツ鉄道に乗り込みました。手配が充分してありましたしドイツ語の依頼状も持っていましたが、車掌さんも乗客の人たちも、私が日本からトロッシンゲンまでアコーディオンの勉強に行くのだと言いますとびっくりされて色々と気をつかってくださることは大変なものでした。オッフェンブルクの乗り換えは6番線だということを十回くらいも聞かされ、駅に着くとみんなで大さわぎをして降ろしてくださいました。

フィリンゲン行きに乗りかえると車掌さんは私の隣に座ってしまい、つきっきりの面倒を見てくださいます。フィリンゲンに着くと周囲の人たちみんなでまた大さわぎというありさまで、車掌さんは荷物と私を連れて、出迎えに来てくださっていたフェット校長先生方に渡してくださいました。

「アウフヴィーダァゼーエン（さようなら）」

「アウフヴィーダァゼーエン」

今まで一緒に乗り合わせたみなさんが、窓という窓から手を振って別れを惜しんでくれます。そして汽車はようやく動き出しました。

こうして私は長い旅の後、トロッシンゲン市立音楽院に着いたのです。トロッシンゲンは西ドイツの内でも西南部にあたり、黒い森と呼ばれるシュヴァルツヴァルト地方の野原ともみの木の森と丘とに囲まれた静かな小さい町です。そしてここに昔から有名なホーナーの会社があります。とんがり屋根のレンガ造りや石造りの家が並び、教会の鐘が30分おきに鳴りひびいていました。

私はここの春季アコーディオン講習会を受けに、ヨーロッパ各地から集まった100 5名の内の一人となって勉強をすることになったのです。まず、校長先生はアルミン・フェット博士という方で、30年も前に日本学を学んだとのこと。背が高く、おなかがすごく大きい。「フェット」とは脂肪という意味だそうです。私が握手すると先生のかげにかくれてしまいます。この先生もまたとてもあたたかく私をもてなしてくださいまして、トリヒティンガーさんという大きなお宅に、私のために可愛い一人部屋を用意してくださいました。その時からはじまったその家の人々との楽しい生活は、短い間ではありましたが今でも忘れられません。

お母さんはとても働き者です。お食事はジャガイモ料理が主で、ソーセージ、肉などがつきます。男の人は水のようにビールを飲んで、レストランでは大きな樽からジョッキにあふれるほど入れ、一気に飲み干します。伴先生や父にも飲んでほしいと思いました。

次に学校のことを書きます。開講式は市内のコンツェルト・ハウスで行われました。この時、大勢の受講生の中から選ばれて、「一番遠くから来た」ということで、私は校長先生からハト時計を記念品としていただいたのです。この時の様子がトロッシンゲンの新聞に写真入りで出たり、またラジオ局からも各地の教授たちと一緒にインタビューをされたり、大変驚きました。

この席で当地のアコーディオン・アンサンブルの演奏、古典的な曲を聞きましたが、音も美しくそのまとまっているのには驚きました。

さて、指導はすべて個人レッスンで、私を見てくださったのは、最初はガブリエル・シャッツという若い女の先生でしたが、その後、有名なマリアンヌ・プロブスト先生に担当していただいたのです。プロブスト先生はニューヨークの世界コンテストで1位をとった方で、その実力は抜群です。○○さんのことをよくご存知で、私も日本からはるばるということで、特別のはからいから弟子としてレッスンを受けられたのは本当に幸せでした。

レッスンは厳しく、3時間くらい続けてやります。そして宿題もたくさん出ます。それでもとても親切でおもしろい方なのです。私が徹底的にやらされたのはバルク（蛇腹）の使い方でした。私の使い方は野性的で乱暴とのこと。日の練習の三分の一はこのバルクに使います。次が右と左の指使い。左手の小指を主にやり、曲想のつけ方もずいぶん変えられました。

カーニバル・オブ・ヴェニスは特に変え、一つのテーマごとに区切ってやりました。「あなたは今年来てよかった。3年後に来たらスタートが遅れていく」とプロブスト先生に言われました。

こうして厳しいレッスンを受けながらも、たくさんのドイツの方々のあたたかいご親切のおかげで楽しく有意義な講習会を終えました。閉講式ではアコーディオン・ソリスト三人の演奏を聞きました。現代的な曲でした。若い女の人なのにまったくすばらしい演奏でした。

私はこの貴重な体験で、これから一生懸命アコーディオンとドイツ語を勉強しようと思っています。今年行ったおかげで3年間スタートを早めることができたと思うとうれしく感じています。今は親切にしてくださった多くの方々に感謝の気持ちでいっぱいです。

（『アコーディオン・ジャーナル』1970年5月号より）

「どうして、そんな無謀なことをさせるの？」

「子ども一人で海外だなんて……」

周囲の人からは、そんな風に言われることもありました。

ドイツ語はおろか、英語も中学一年生レベルの子どもを外国の講習会に参加させる、それも一人で行かせるだなんて――。

「親もどうかしている」「よくそんなことするね」という批判の声もありました。

その度に、私は笑顔でこう返しました。

「ちゃんと準備するだけのことはしているから、大丈夫よ！」

申込書の提出から、空路、陸路、住まい、通訳に至るまで、できることは取り組んできました。想像しうる限りを尽くし、整えてきました。それに本人の意志が強いのですし、周囲のご協力もあったからこそ、安心して背中を押すことができました。

娘はまだ子どもで、ただただアコーディオンを学びたい一心で突っ走っていたのだと思います。でも、彼女の人生を行くのは彼女です。周りはそれを支え、転んだ時には手を差し伸べられるようにすることしかできません。

短期とはいえ、よくぞ頑張りました。私たちは一回り成長した美江を羽田空港に迎えに行きました。

◇

1970年3月30日、羽田空港。

到着口に赤いコートが見えた瞬間、私は思わず声を上げました。

「帰ってきた！　本当に行って、本当に帰ってきた！　美江ちゃん、お帰りなさい!!」

たった12日間、されど12日間。

「ただいま、ママ！」

笑顔で駆け寄ってきた娘をしっかりと抱きしめました。

この時の美江はすでに、アコーディオンと本格的に向き合うため、トロッシンゲンに長期留学したいという思いを固めていました。

本当は今すぐにでも留学したいところですが、音楽院に入学するには「16才以上」という年齢制限が立ちはだかっています。3年後の留学を目標にし、その日から美江は猛勉強を始めました。


それにしても、色々な偶然が重なり急転直下で決まったドイツ行きは、いま考えてみてもどこかに神様がいるような気がします。

まず、一つ目の神様。

トロッシンゲンのパンフレットをくれた友だち曰く、娘さんは普段はまめに資料をチェックするタイプではないのだとか。それなのにパンフレットを見つけて、「これ、美江ちゃんに送ったら？」と、珍しくすぐさま東京へ送ってくださったそうです。少しでもタイミングがずれたら、申し込み期限には間に合わなかったでしょう。

二つ目の神様。

アコーディオンという楽器を学べる環境は、ピアノやヴァイオリンのようにはそう多くはありません。楽器が特殊ですから、「イースター講習会」というこのチャンスを逃したら次はもうないと、私も美江も思いました。

こうして思いがけず、美江のドイツ行きが突然姿を現しました。

正さんは教員を続けてきた一員として、向学心に燃える娘の勢いを止めることはしませんでした。しかしまだ中学生ですし、将来のことは何も分かりません。これが未来につながると考えていたかどうか、今となっては亡き夫に聞くこともできません。

なお、今でも日本のアコーディオン奏者の多くは海外に留学しているようです。美江の背中を後進の音楽家たちが続いているのかと思うと、感慨深い気持ちになります。

そして何よりも、美江の行動力が並外れていたこと。これは〝三つ目の神様〟が宿っていたと言っていいかもしれません。

これらのチャンスを活かすため、私たちは周囲の批判は気にせずに娘をドイツに送りました。

講習会の存在を知るところから、往復の鉄道、行き帰りの飛行機に至るまで、さまざまな場面でどれほど多くの人たちに支えられ、助けていただいたことか……。

色々なところで結びつきがあり、ご縁があります。

信仰を持たない私ですが、このことに関しては「神様は本当にいるんだな」と感じています。

私たちだけでなく、誰しもがこうしたご縁を持っていて、誰しもがそれぞれの神様に見守られていると思います。

大切なのは、タイミングを見誤らず、人とのご縁を大事にしながら生きていくことなのでしょう。

娘の視点①

1970年3月。当時中学一年生の私は、ドイツ南西部の小さな町にアコーディオンの学校があると聞き、両親に頼みこんで、毎年行われるイースター講習会に参加しました。それは生まれて初めての一人旅かつ海外旅行。母お手製の日英両国語カードを首からぶらさげ、重いアコーディオンを左肩に、水色のトランクを右手に持ち、赤い帽子に赤いコート、白のハイソックスにミニスカートという今思えばカーニバルにでも出るような格好で、期待に胸をふくらませ颯爽《さっそう》と日本を飛び立ったのでした。

航空券を手配した両親は、せめて往復のフライトは一人ではないようにと、ある団体旅行グループに同行させ、団体客の皆さんは私の存在を不思議に思いながらも親切に面倒を見てくださいました。

しかし南回りの旅は想像をはるかに超える長さでした。バンコクあたりから気分が悪くなり、カルカッタ、カラチではもう吐くものもないくらい全て吐き出し、ローマ経由でフランクフルトに着いた時はすでにフラフラ……。それでも空港のお出迎えや汽車への接続はパーフェクトに準備されていて、何とか生きて目的地のトロッシンゲンにたどり着きました。それは本当に長い長い旅でした。

それからの時間は夢のようでした。若い奏者たちが左手も単音システムのフリーベース・アコーディオンを器用に操りながら弾くバッハやスカルラッティはまことに美しく、私はこの時すでに、日本に帰る気をなくしていました。

そもそも、あの長くつらいフライトはもうたくさん。それに苦労して帰国したところで、勉強したいことが日本ではもうありませんでした。それでもトロッシンゲンの学校からは「義務教育は終えること。そしてドイツ語ができなければ、ここの音楽学校には入れません」と厳しく言われ、納得しました。

さて、帰りはトロッシンゲンから汽車でスイスのチューリッヒまで行き、そこから飛行機でフランス・パリへ。パリのホテルで再び団体旅行のグループと合流することになっていました。

ところがその連絡を取る段になって、ドイツ国内の通信機関が全てストライキに入り、電話もテレックスも通じなくなりました。どうしても誰とも連絡が取れないのです。

仕方がないので、学校の運転手さんがロットワイルという駅からスイスへ向かう国際列車に乗せてくれて、一人チューリッヒまで行きました。でもこれが思いのほか恐ろしかった。いつチューリッヒに着くのか分からないし、そこがどんな駅かも知りません。

駅に止まるたびにホームに降りて「チューリッヒ?」と周りに尋ねます。何度目かの駅でようやく「ヤー(そうです)!」と返ってきたので、荷物を抱えて大急ぎで降りました。ところがあんまり慌てたせいでしょうか、小指をドアにはさんで爪がはがれ、見ると血が出ています。興奮からか痛みは感じなかったけれど、血を見た途端にそれまでの張りつめていた緊張の糸が切れ、涙がポロポロと出てきました。

近くの車掌さんに血の出る指を見せると、なぜか陽気な笑顔を返されました。「ほらほら、メソメソしてないで頑張りなさいな!」ということだと気持ちを切り替え、重い荷物を持って駅の出口へ向かいました。

けれども今度は空港への行き方が分かりません。しばらく駅前をウロウロしているとバスが来ました。飛行機の絵が描いてあります。きっと空港行きなのだろうと見当をつけ進むと、優しそうな女性が停留所にいました。彼女に航空券とパスポートを見せるとひどく驚いた様子で話しかけてくれ、バスの中でも隣に座り、空港に着くとすぐに私をスイス航空のオフィスに連れて行き、そこで機関銃のようにしゃべりだしました。

　女性から空港スタッフにバトンのように引き渡された私は、ある部屋に通されて「絶対にここから動かないように！」と厳命を受けました。でも実はその時、私はものすごくトイレに行きたかったのです！

　ソワソワしながらも〝絶対に動いてはいけない〟と言われていたので、我慢してそこに座っていました。

　しばらく待たされ、パリ行きの飛行機に乗せられた私は一刻も早くトイレに行きたくてたまりません。しかし、離陸後すぐに席を立とうと思っていたタイミングで、フランスへの入国審査書が配られました。

　早く済ませてトイレに行きたいのに何を書けばいいのか分からず困っていると、後ろから日本語が聞こえてきました。そこで恐る恐る「すみません、この書類の書き方、おしえていただけますか？」と声を掛けました。それは若い日本人のご夫婦で、私の代わりに書き込んでくださいました。当時の私は細身で背も低かったので、13才よりももっと幼く見えたのか、このご夫婦は私の一人旅に信じられないといった面持ちをしていました。

「パリでの出迎えは大丈夫ですか？」

親切にもご主人が聞いて下さいます。

「ドイツの通信機関がストライキをしていて連絡がつきませんでした。出迎えはないと思います」

「それは大変だ！　着いたらすぐにＪＡＬのカウンターに行って、誰か面倒を見てくれる人を探しましょう。とにかく僕たちから離れないように」

「はい……」

大変ありがたく感じる反面、

（あ〜、これでまたトイレに行けない……）

と心の中でつぶやきました。

そのご夫婦は飛行機に乗っている間中、色々と話しかけてくれました。パリに着くとすぐにＪＡＬのカウンターに行き、様々な手配の末、気が付くと私はタクシーに乗せられていました。こうして私は無事パリのホテルに着き、我慢の限界でようやくのことお手洗いにも行けたのです。

このご夫婦は、ご主人がヨーロッパ勤務を終えられて世界旅行をしながら日本へ帰るとおっしゃっていました。尿意の我慢もありお名前やご住所を聞く余裕がなく、きちんとお礼ができていないことは半世紀を経た今でも残念に感じています。

私がクラシック・アコーディオン奏者になると心に決めたのが、この1970年3月のことでした。

あの帰国時のパリまでの旅はまさに予想もしていなかったハプニングの連続で、13才の私は不安と恐ろしさ、そして小指のケガが増幅させた心細さ、さらにははちきれんばかりの尿意とで、もう死にそうでした。あのご夫婦に巡り合わなかったら、「人生はそんなに甘いものじゃない」と心が折れて、帰国後は日本の高校、大学へと進み、私の人生は全く違う方向に進んでいたかもしれません。

第2楽章：アコーディオンとともに生きていく

1956年9月15日、美江は東京で産声を上げ、3才上の兄と私たち両親との家族四人の生活が始まりました。

2才の誕生日にグランドピアノを模した小さな赤いトイピアノをプレゼントすると、美江は大喜び。数日後には部屋に流れるラジオの童謡を聴きながら、それにぴったり合わせて鍵盤を叩くようになり、私たちを驚かせました。

「もしかしたら、この子は音感があるのかもしれない」

「音楽をやらせたらいいかもしれないね」


音楽にまつわる私自身の思い出といえば、小学校に通っていた金沢でのお琴教室です。おてんばな姉を追いかけては転び、追いかけては転びを繰り返していた私は、教室でお琴を前に正座をしても、傷だらけの膝が痛くて泣いてばかりいました。

そんな私を見かねたお琴の先生は、

「アキちゃんはお琴から離れて、そのへんにいてね」

と、いつも優しく言ってくださいました。

姉はどんどん上達するのに、私は満足に弾くことすらできませんでした。

そんなことを思い返しながら、もし娘が音楽を始めるのならば、ピアノだったら良いなと考えていました。ピアノには清楚で美しいイメージがありました。

美江が3才になる頃、本格的に楽器を身に着けさせようと夫婦で話し合った際、正さんが切り出しました。

「アコーディオンが良いと思う」

私は一瞬、考えました。

「アコーディオン、ですか……」

正さんはアコーディオンという楽器に特別な思いを抱いていました。後にその理由を知った時には深い感銘を覚えたのですが、当時はそんなことは知る由もありません。

正直に申し上げて、アコーディオンを「習わせる」という発想はありませんでした。そもそも周りに「アコーディオン教室」の看板など見たこともありません。

もちろん目にしたことはある楽器ですし、さまざまな音色、和音が出せる上に、呼吸のように空気を送り込む姿がどこか優しく感じられる楽器ではありました。

さて、どうしたものか……。習わせたいと言っても、どうやって探せばいいのかすら皆目見当もつかぬまま過ごしていると、たまたま息子の小学校の先生とお話しをする機会があり、その流れでアコーディオンの指導者と楽器を探してくださることになりました。

ほどなくして、子どもでも使える小さいサイズのアコーディオンが見つかりました。緑色の可愛らしいアコーディオン。美江にとって初めての楽器です。

ふだん演奏家が使うサイズよりは小さいとはいえ、まだ幼い美江にとってはそれでも大きな楽器です。鍵盤はピアノと同じ順番に縦に付いていますが、空気を送り込んで音を出す蛇腹は大きく、楽器自体にも厚みがあり、幼児にはいかにも重そうです。

そうして1961年3月、4才半の時に、美江はアコーディオンを習い始めました。

教えてくださるのは、伴典哉《ばんのりや》先生。日本におけるアコーディオンの第一人者の先生で、幸いなことに、私たち一家が当時住んでいた葛飾区金町から電車で1時間とかからない御徒町に稽古場がありました。後に教室はお茶の水に移転するのですが、それも通いやすい場所で大変助かりました。

伴先生は美江がアコーディオンを学ぶことをとても喜んでいました。

それでもそんなに小さな子向けの教則本なんてありませんでしたから、手書きによる教則本を作ってくださいました。まだ学校にも通っていない幼子ながら、美江も鉛筆を握り、教則本に見よう見まねでト音記号や音階を書き込んでいます。

娘を連れ、アコーディオンの稽古場へ通う日々が始まりました。

金町駅から乗り換えの上野駅まで、常磐線に乗るか京成電車に乗るか。４才の子どもの負担にならぬよう、他の乗客の迷惑にならないよう、時間帯によって空いている路線を選びながら教室へ通いました。

小学校二年生に上がった頃、美江は並行してピアノも習い始めました。ピアノも瞬く間にものにしましたが、アコーディオンへの思い入れは強く、その演奏技術はみるみるうちに上達していきました。

繰り返しになりますが、日本にはアコーディオンを専門に学ぶ学校というものはありません。この楽器を究めたいのであれば、いつかは海外の学校に通うよりほかありません。

娘の入れ込み具合を間近で見て、もうこの頃には私たち親も、心のどこかで娘が海を渡ることを予感していたのかもしれません。

◇

中学一年修了と同時に、娘はドイツ・トロッシンゲンのイースター講習会に参加しました。

短期間の講習を終えて帰ってきた美江は、トロッシンゲン市立音楽院で学ぶという進路をはっきりと胸にしていました。それも、音楽院の年齢制限の下限である16才で日本の高校を中退し、ドイツに渡り学ぶというものです。

本音を言えば、美江は一刻も早く音楽院への留学を熱望していました。蛇腹の操り方、構え方から始まって、美江が学ばなければならないことは山ほどありました。国境を飛び越えた途端に見えてきた世界の厳しさ、そして奥深さを、13才にして痛感することとなったのです。

とはいえ、年齢の壁はどうにもできません。

それならば逆に、年齢制限に達するまでの数年間で徹底的にドイツ語を学び、通訳なしでトップレベルのレッスンを受けられる態勢を整えよう。美江はそう考え、私もドイツ語が学べる場所を調べました。

学業をおろそかにすることはできませんから、学校の英語の勉強と並行して、専門レベルにまでドイツ語能力を高めていく。そのミッションを支えます。

そうは決めたものの、日中は他の中学生と同じように学校生活を送っています。自由になる時間は限られたもので、放課後から夜、眠りにつくまでの数時間を学習に充てるしかありません。そこで、夜間に開講されているセミナーもある、大森の「ドイツ学園」の講座に通うことにしました。美江は商社勤めの方やその配偶者の方たちと机を並べ、ドイツ語に取り組みました。

そのころ美江は、正さんが勤める中学校に通っていました。昼間は中学で勉強し、宿題は授業中に済ませます。そうして学校が終わると大森に行き、ドイツ学園で週3日、語学講座を受講します。

お昼は中学でお弁当を食べますが、夜ご飯は学校とドイツ学園の中間にある「YMCA」の食堂で食べさせてもらっていました。そこに私の同級生が勤めていたため、取り計らってもらえたのです。コンビニエンスストアがどこにでもある時代ではありません。随所で力を貸してくれる同級生たちの存在はとてもありがたかったですし、こんなところでも美江は大変恵まれていました。

夜の授業が終わって午後9時半。家の最寄り駅まで娘を迎えに行きます。疲れ切った仕事帰りの会社員たちに挟まれるようにして、大きなカバンを抱えた美江が改札から出てきます。

英語とドイツ語を学び、中学での勉強も、アコーディオンの稽古もして——。そんな多忙な毎日を送っていました。

子どもの人生は子どものもの。

やりたいと思うことがあり、それに向け進むのは本人です。

いくら大変そうでも代わってあげることはできません。

親にできることといえば、可能な範囲で環境を整え、子どもの意志を、力を信じ、見守り、支えることくらいでしょうか。

それにしても、一生懸命にひたすら夢に向け前進する姿は、まったく父親譲りです。私と似ているのは「ダメ」と言われてもくじけないところでしょう。

ところが最近、当時の私について娘が振り返り、こんな言葉をもらって少し意外な気持ちになりました。

「ママから『ああしろこうしろ』って一回も言われたことないんだよね。怒られた記憶も全然ない。お兄ちゃんも同じことを言ってたけど、何をしても肯定してくれたのは、それはママ自身に芯の強さがあったからなんだろうな」

自分のことを芯が強いと思ったことはありませんが、我が子を信じる気持ちは人一倍あると思います。「ああしろこうしろ」と言わなかったのは、子どものことを信じていたからでしょう。

それに、子どものことでも自分のことでも周りから「それはいけない」とか「とても無理だ」と言われても、心のどこかで「まぁ、やってみたらなんとかなるだろう」と考えるところがあるのかもしれません。

やってみて、それでもダメならまた別の方法を考えます。でも、それは芯の強い人間ということではありません。むしろクネクネとしなやかに生きていればこそ、ポキッと折れることもありませんから。それでこの年まで生きていられるのかもしれません。

◇

夏休みや冬休みには、さまざまな大学でドイツ語学習の短期コースが開催されていました。そういったコースを利用して、美江は上智大学では文法を、学習院大学ではドイツ人の先生による会話の勉強に勤しみました。

必死になってドイツ語やアコーディオンの勉強をしている姿が、親としてはもう本当にかわいそうなぐらいでした。中学の勉強は学校で全て終わらせて、教科書は教室に置いていき、それから語学教室やお稽古へと通う日々。

でも、かわいそうと嘆くだけではなんの足しにもなりません。子どもが夢に向かって頑張っているのなら、それに集中できるよう支えることが親の役割。かわいそうという気持ちは、自分の胸の中だけに納めるようにしていました。

私は東京女子大学の英文科を卒業しました。卒業後すぐに英語教師として母校の高校に5年ほど勤めましたが、長男が生まれるのを機に退職し、美江が小学校に上がる頃に前とは別の高校の英語科講師となりました。そのため外国語学習については自分なりに思うところがありますが、語学の勉強法について娘に声をかけたことはありませんでした。美江ははたから見ても非常に努力をしていたこともあり、助言をする必要性も感じませんでした。

教職の経験を通じて思うことは、外国語を習得することとは、ひとえに耳を澄ませることであります。発音を正しく聞き取るためには、いつも「耳を立てるように」と生徒たちに教えてきました。

正しく聞き取れれば、正しく話せるようになる。

会話ができるようになれば、コミュニケーションを取る喜びも感じるようになる。そういう段階を通じて、言葉を学ぶ意義を伝えてきたつもりです。

ただ、娘の努力を認めたからこそ教師の立場としては何も言わなかった一方で、私たちにはそんなアドバイスをする暇さえなかったような記憶があります。

親子の会話を交わせるのは、様々な習い事から帰ってきた午後9時半から夜食をとってお風呂に入って寝るまでの間だけ。とにもかくにも時間がありませんでした。

美江も私も、よく頑張ったと思います。

◇

そうした努力の日々を過ごしながら月日が経ち、トロッシンゲン市立音楽院への進学が現実味を帯び、準備を進める時期になりました。

ドイツの学校の年度は10月始まりです。

美江の誕生日はその直前の9月15日。

入学資格を得る「16才以上」という規定にはギリギリのタイミングですが、16才になってからの入学許可がなければ、そもそもドイツに入国するために必要な査証（ビザ）の申請すらできません。

私は東京・広尾にあるドイツ大使館に何度も出向いては「こういう事情ですから、1日でも早くビザを出していただけませんか」と懇願します。しかし当たり前のことですが、大使館の方は入学許可なしでは首を縦には振ってくださいません。

ビザが間に合うだろうかとハラハラしながら迎えた誕生日の9月15日。

入学許可が下りるとすぐに大使館に飛んでいき、なんとかビザを取得することができました。

この時点で、新年度開始までわずか2週間ほど。もう数週間誕生日が遅ければ、念願の留学も1年先になっていたわけです。ギリギリとはいえ9月半ばの生まれにすら感謝をしながら、日本の外務省にも急いで書類を提出します。

あっちに行ったり、こっちに行ったり、若かったからできたことなのでしょう。

当時を思い返すと、時間的な余裕がない中で手続きを進めていたことに驚きます。そんな風に短期間であちこち駆けずり回り、どうにかこうにか駆け足で、入学までの手続きを済ませました。

一方の美江本人は、なんとも悠長に構えていました。「ここはママが何とかするだろう」とのんきに思っていたのかもしれません。

今回の渡航はイースター講習のように短期で終わる話ではありません。数年単位で離ればなれになるのです。

親として不安な気持ちはもちろんありましたが、それまでに向こうの校長先生ご夫妻と手紙のやりとりを重ねていましたし、その温かいお人柄も存じ上げていましたから、安心感もありました。

語学の勉強や楽器の稽古に熱心に打ち込む美江を見ながら、私ができることはこうした環境づくり程度しかありませんでした。

こうして娘は無事、トロッシンゲンの学校に入学を果たしました。

最初のドイツ行きから2年半。その間、アコーディオンや語学の勉強に励み、美江にとっては2度目のドイツです。フランクフルトから2回の乗り換えも自力でこなし、現地に到着。そして私たちも、今回は「秘書のハマダでございます！」の響きを必要とせず、代わりに学校からの電報を受け取りました。

〝Ｍｉｅｗｅｌｌａｒｒｉｖｅｄ．〟

送り主は、フェット校長先生。

「到着する＝ａｒｒｉｖｅ」の過去形を示す語尾の「ｅｄ」。無事「着いた」と告げることの「ｅｄ」の2文字を、なんとありがたく感じたことでしょう！

2年半前を考えると、娘も私たちもずいぶん成長したものです。

美江がドイツに渡ってからは、私たちの仕送り生活が始まりました。

カレーなどのレトルト食品を段ボール箱いっぱいに詰め、西ドイツの住所を書き込み、郵便局まで持って行きます。郵便局は歩いて20分ほどのところにありましたが、わずかでも重量がオーバーしていると、封を開け、入れ直して、また包み直しです。

自転車に乗れない私が苦労しながら重い重い段ボールをかごに載せて運び、発送した安心感から自転車を郵便局に置いてきてしまったことがありました。またある日は、車で通りかかった知り合いが、見かねて郵便局まで乗せて行ってくれたこともありました。
頻度にすると月に一度、10キロの荷物を送りに郵便局に通いました。

ご存知の通り、メールのある時代ではありません。もちろんビデオ通話もなく、国際電話もぜいたくな時代。娘とのやりとりはほぼすべて手紙です。私たちの間では膨大な数の手紙が交わされました。

ルームメートたちとの共同生活を送ることになった美江は、多忙を極める学業のかたわらでヨーロッパでの青春を謳歌《おうか》していました。

このようにして、1年目は飛ぶように過ぎました。順調に学びを得て、当時の東ドイツの「クリンゲンタール国際アコーディオンコンテスト」青年の部で1位に輝きました。

いま手元には、私が記したメモがあります。これは1年目の授業を終えて、美江が東京に一時帰国する直前の行動を記したものです。

■メモ

（1973年、最初の1年間の課程を終えて）

7月18日

夏休みに入り、ユーゴスラヴィア、ハンガリーへのビザをトロッシンゲンで待ちながら、旅行の準備と復習、そしてプールへ。息抜きに森のはずれまで出かけたり、8月13日は寝台列車でミラノまでゆき、四時間待って、ユーゴスラヴィア方面への列車に乗りかえ（駅ではモーサー先生、時差を忘れて出迎えチコク。一時間。セニョリータ・モーサー!!とアナウンスが続いていた由）、無事に先生と合流。20日までアドリア海の水泳を楽しみ、一行はブダペストの講習会にハンガリーへ向かったとのこと。

クリンゲンタールの仲間がみんな集まり、非常に充実した勉強会であったらしい。

9月1日

終了。フランクフルトへ飛び、福田家へ。ケルン出発となり、福田家の一行と共にJALにて。9月4日午後10時半羽田着。1年ぶりに再会!!!

2週間ののちふたたび福田家と共にヨーロッパへ。
みえの第2年目の生活がはじまる。
これは、第2年目の記録となる。

このメモからは美江が友だちとヨーロッパを東奔西走しながら元気に学生生活を謳歌した後、日本に一時帰国してきた様子が伝わります。私としても、離れているため様子の見えにくい美江の動向を少しでも想像し、娘の成長を感じようとしていたのだと思います。

束の間の帰国の時には、目を輝かせながらトロッシンゲンでの日々について教えてくれました。一時帰国の前後にも数えきれないほどの手紙を交わしました。手紙からは、美江が学業について確実に力を付けている様子が伝わってきます。

トロッシンゲン　1973年7月23日

パパ、ママ、お兄ちゃん、お元気ですか？

（中略）

いつもお金もらっちゃって本当にありがとう!!　終業式は独奏と、レナーテと重奏した。

あっ、そうそうテスト。もちろん通ったけど、2番でした。1学期生の26才の男（ドイツ人）で実技の良いのがやっぱり1番でした。

みんな「アイツがジャパンへ行ったら、1番なんてとても取れやしない」なんて言ってたけど、2番だったのはやっぱり少し残念です。点数は前学期より上がった。でも音楽は数字じゃないもんね。

（中略）

テストやら音楽会やらあって、全く本当にこんな忙しい思いしたの初めてだった。他にも一人でトロッシンゲンでやらねばならないことばかりで、夏休みで学校には誰もいないし、早く9月になってくれないかと首長くしてんの。ドイツでのビザの引き延ばしはもうした。ドイツ人って1年ケチにケチって夏にみな旅行するからビザもなかなか取れなくて、また日本人みたいに客中心じゃないから頭きてんの。ドイツ人ってやっぱり少しカッテだよ。このところまたまた寒い毎日です。一人だからつまらないよ。

日本は暑いでしょう？　どっか涼しいところ行ったら？

とにかく日本人は体を壊しても働きすぎるよ。ドイツ人みたいのも見えっ張りでいやだけど、Japanese働きすぎるよ、ホント!!

Mｉeもこのところ少しグロッキーです。約3週間テストが続いたもんねー。でもまあここは空気がいいからね。フランクフルトから来たらホッとしたもん。これから風呂へ入ってすぐ寝る予定。明日はトゥットリンゲンかどっか種痘しにゆくね。

前のめりになりながらも、トロッシンゲンの街を慈しみ、日々を一所懸命に生きる姿が手に取るように伝わってきます。

一時帰国を終えてトロッシンゲンに戻った際、美江はこんな便りを寄こしました。

トロッシンゲン着　第一信

トロッシンゲン　1973年9月20日午後8時（日本時間朝4時）

パパ、ママ、お兄ちゃん　その後どうですか？　元気ですか？

昨日の夜やっとトロッシンゲンに着き、すぐ電話したの。またまた夜中で気の毒とは思ったのだけれど、着いたらすぐ電話するって言ったので。心配してるかと思って――。とにかく長時間の旅でした。

（中略）

夜中の1時ごろにフランクフルトに着き、すぐ駅へ行き、2時の汽車でトロッシンゲンへ向いました。とにかく眠くて眠くて乗りすごさぬよう努力するのが大変だった。

あいにく昨日学校が閉まっていて、迎えの友だちとの連絡がつかず、結局フォーゲルさんに来てもらいました。

去年のちょうど今ごろトロッシンゲンへ来たことを思い出し、1年前を懐かしく思いましたが、前回と違って、今日は目覚めた時に家が恋しくてたまらなかった。前回は何もかも必死だったけど、今回は全然違うので――。

一昨日まで一緒に話していたのに、今日はこんなに遠くにいるとは信じられなく。朝、お兄がけっとばしに来るような気がして仕方ないよ。飛行機が速すぎるのか――考えてもしょうがないけど、時計を見ては家のこと考えてばかり。

今日も起きたとたん「あっ、食べ物何もないや、買い物に行かねば」と思ったら、何だか悲しくなってしまったよ。旅で疲れてる時なんか、ママ何でもしてくれるもんね。

まあ自分のことばかり書いてしまってごめんなさい。

2週間、家中を台風みたいにかき回し、皆を疲れさせてしまって本当にごめんね。でも、今回帰れたことは100％良かったね。Ｍｉｅは少なくとも120％喜んでいる。

（中略）

ママ、荷造りは無理しないでね。ズボン類以外は急がなくていいよ。ズボンだってあるんだから急がないでね。

（中略）


今回は本当に本当にありがとう！　素晴らしかったね。

今はフランクフルトかシュツットゥガルトの飛行場に、家族三人のうち誰か（もちろん全員ならベスト）を迎えにゆく日を夢みています。

じゃ、体には気をつけて！

おやすみなさい。


全力で美江を支える。

そう決めて正さんとともに働いてきたのですが、この手紙の直後、こんな「事件」もありました。美江に対し、正さんがカミナリを落としたのです。

なぜそんなことが起こったのか今となってはどうしても思い出せないのですが、恐らく音楽の道へと突っ走る美江が、親に対して何か失礼な言動をしたのでしょう。

先の手紙から1週間後、こんな手紙を送ってきました。

トロッシンゲン　1973年9月27日

速達受け取りました。

何かMieのことでまたまた家の人に迷惑をかけてしまい、なんて謝っていいか分かりません。Mieの注意力がまだまだ足りなかったようです。自分のことばかり考えていたからこういう結果になったのでしょう。Mieはそれでもこの1年頑張ったつもり（自分でできる限りのこと）だったのですが――。

今回日本へ帰してもらえて本当に嬉しく、トロッシンゲンへ着いてからも「帰れて本当に良かったー」とまた大変淋しくなったけど、自分ではそう思っていました。

毎日毎日家のことを考えています。

Mieはみなに迷惑ばかりかけて、役に立つことが何もできないと思うと、大変情けなくなります。本当にごめんなさい。

パパ、ママなしでＭｉｅが生きていけるなんてことは全然思ったこともないし、他の親とは比較すらできないと思っている。

Ｍｉｅを怒り、怒鳴りつけてくれる人がまだまだ必要だから、パパがＭｉｅを怒ってくれることを感謝しています。

遠く離れているので実際の声を聞くことはできないけど、手紙でもパパがＭｉｅの何に対して注意を与えてくれてるかはじゅうぶん分かります。

Ｍｉｅの歩いている道、今やっていること以外、それよりもっと良いものは今のところないように思えます。本当にありがたく思っています。

Ｍｉｅは自分のやっていることがベストであると信じているし、パパ、ママもそう思ってくれていると思っています。

4才からやり始めたアコーディオンを、ただのブンチャッチャで終わらせたくないのです。

上を見ればきりがないというけど、13年もやったものを一級のものにしないことは罪のようにさえ思われる、できれば素晴らしいアコーディオン奏者、そして音楽家になりたいのです。

けれどパパが思うように、いくら弾けても人間的に欠陥がある人が音楽の世界には少なくない。しかしそういう人は決して良い素晴らしい音楽家ではないことをＭｉｅも分かっています。

家にいた時は毎日のように怒られていたけど、このところ怒ってくれる人があまりいないので淋しく思っています。

パパはＭｉｅの人格形成のための唯一の指導者であってください。ただ、ママやお兄にまでＭｉｅへのことで怒鳴らないでください。

手紙ででもＴｅｌででも、どうか怒ってください。今回のように。本当です！

（中略）

今回は本当にゴメンなさい。これからは気をつけます。

じゃ、また。バイバイ。

Ｍｉｅ

正さんに怒られ、娘はだいぶ気落ちして反省したようです。

一方で「一流の音楽家になりたい」という美江の強い意思も感じ、胸を打たれました。前の手紙で「音楽は数字（点数）じゃないもんね」と書いているように、美江なりに音楽とは何か、ということを常に考えているようでした。

トロッシンゲン市立音楽院での生活も、2年目になるとだいぶ慣れてきたようです。後輩となる新入生を迎え、コンテストに応募しては西へ東へと奔走するようになりました。そしてこの頃から、音楽の仕事についての報告が舞い込み始めます。

トロッシンゲン　1973年10月5日

パパ、ママ、お兄ちゃん、お元気ですか？

こっちはやっと学校が始まりました。新入生は20人で、優れた弾き手も二、三人入って来たので、ますますやる気が出てきます。

長い休暇が終わり、再びみな一緒、カローラとレナーテと三人の生活です。パパからのハガキ、大変喜んでいました。くれぐれも宜しくとのこと。壁に飾ってあります。

週末はスイスのコロンビエのC．M．A．コンテストへ行ってきました。ところで、今学期もまたまた忙しくなりそうです。三学期のプログラム（アコーディオン曲目）はだいたい決まりました。10月27日はフィリンゲンであるコンサートにソリストとして出ます。昨日、モーサーさんと相談して決めました。まだ出始めだし、一応150DM（注：ドイツマルク）にしました。モーサーさんは150DM以下では絶対契約しないよう言ってました。というのも、自分をあまり安く契約するということはやはり良くないそうです。コンサートでは、20分弾きます。スカルラッティのソナタ2曲など4曲。15日からは、ブンデスアカデミー（国立の音楽に関する講習会用の学校のようなもの）でアコーディオンのセミナーが1週間行われるので、そこに行ってきます。フーゴ・ノートのコンサートもあるそうです。かなり練習しなくてはなりません。今日はそれでも7時間授業があるのでいささかうんざりです。

トロッシンゲンに冬はもう近いようです。

今、円が低く、当分変わりそうにないとか。ショックです。85円1DMはひどすぎます。

奨学金はあれからもいろいろ手を尽くしたのですが、
①国立でなく市立であること
②年齢不足
などの理由で毎回ダメ。今もう一つのところからの返事を待っています。

（中略）

パパにお金ばかり払わせてしまって、チャンスを見つけては何か自分でも稼がねばなりません。

ただ、自分をダメにしないよう、必ずモーサーさんと相談した上で決めます。心配しないでください。

忙しいでしょうが体にはくれぐれも気をつけて！　じゃ、また！

Mie

美江は身に着けた語学力を活かし、通訳のアルバイトにも勤しんでいました。私たちが支払うお金のことをいつも気にかけ、そんなところにも娘の成長を思わずにはいられませんでした。

ちょうど、美江の3才違いの兄が成人を迎えた頃の手紙も出てきました。

トロッシンゲン　1973年10月23日

パパ、ママ、お兄ちゃん　お元気ですか？

昨日の電話、よく聞こえた？　久しぶりの声ですごく嬉しかった。

長いこと書かなくてごめんなさい。いろいろなことがあったので。

15～21日までは、ブンデスアカデミーでアコーディオンの講習会。これは非常に非常に興味深く、ためになる素晴らしいものでした。

例えばモーゲンス＝エレガート（世界的に有名な人。コペンハーゲン）やフーゴ・ノートなどの教え方。

演奏も聞けたし、ドイツ国内より優秀な若い奏者（全ての楽器）が来て、Mieはフルートと二重奏をし、19日に演奏会で弾きました。

全く感動的な1週間でした。

今週の土曜はフィリンゲンで弾きます。

1年前と比べると、ずーっと活気に満ちた毎日です。

フランクフルトから通訳も頼まれたけど、これは1週間も学校を休んでバイトをすることになるので不可能でした。

円が低いの（当分変わらないとか）、困っています。


（中略）


みな忙しい毎日でしょう。体にだけは気をつけてね。無理しないよう。

お兄ちゃんの誕生日のカード、間に合わなくって本当にごめんなさい。


（中略）

なんたって花の20才！だもんね。何か欲しいものあったら言って。

イスラエルの戦争は、ラジオをあまり理解する間もなく静かになったようです。できたら少し新聞送ってほしいけど。こちらでは一時の騒ぎのようでした。

この戦争のことは、パパも学校でいっぱい授業したことでしょう。平和で勉強できることに対し、本当に感謝しなくてはならないね。いま戦争がやって来たらおしまいだ。

日本には地震が多いとか。心配しています。

冬になり、毎日毎日ジャガイモが出てくるのでうんざりです。日本での良い食事がつくづくうらやましくなります。

こちらは元気でやっていますから、安心してください。

身体にはくれぐれも気をつけてね。では、また。

Ｍｉｅ

授業や練習、演奏会に通訳のアルバイト――。

美江の生活は目まぐるしく過ぎていきますが、同時に手紙には、家族への気遣いや日本の季節を懐かしく思う文言が増えてきたようにも思いました。

伴先生のアコーディオンのお稽古で通っていた、並木道の木々のこと。寒くて長くて、暗く厳しいドイツの冬がやって来ることへの重い気持ち。そうした対比を切々とつづってくることが増えてきました。

また、ちょうどこの頃、イスラエルで戦争が勃発していました。日本の新聞を小包に入れてほしいとの頼みが幾度となくつづられています。東京は公害が社会問題化している時期でもありました。「通勤の地下鉄を思うと、パパやお兄ちゃんがかわいそうになります」といった、スモッグや交通事情を案じる言葉もしたためられています。

このように世界の情勢が動いていく中で、私たちは美江の前に進む力をただひたすら信頼し、いつも気にかけながら生きてきました。

フランクフルト　1973年12月3日

パパ、ママ、お兄ちゃん、お元気ですか？

Mieとモーサーさんは金曜からここへ来ています。昨日、彼女のコンサートをして、今朝の3時57分発でハノーファーへ発つ予定が、汽車接続の関係とかで7時4分まで待たねばならないの。いま、駅で書いています。マイナス27℃の寒さで足は氷みたい。大変な寒さです。

今日の昼、ハノーファー国立音楽演劇大学の学長とモーサーさんが会い、話し合いをして、午後3時にトロッシンゲンへ帰ります。約900㎞離れた北ドイツへの旅、どうなることか……?!

また書きます。じゃね、手がかじかんで書けんのよ〜〜ん。

Mie

年が変わり1974年になると、美江は世界や日本をめぐる音楽業界の現状について、どこか俯瞰《ふかん》するような言葉も書き記すようになりました。

大正の時代から生き延びてきた私は、美江を窮屈な日本のルールに閉じ込めたくはありませんでした。

自分の意志に忠実に、強くしなやかに生きてほしい。

直接的な言葉にはしなくともその思いを美江に伝え続けてきたつもりで、このあたりから美江は、演奏することがただ楽しくて仕方なかった子ども時代から、さらに大きく成長したように感じます。

トロッシンゲン　1974年1月20日

パパ、ママ、お兄ちゃん、お元気ですか？

（中略）

ピアノはやはりクラシック、ジャズ、ロック、ポップ等、全ての分野において素晴らしい楽器です。

日本におけるピアノの教育法は、いわゆる見せかけというか、外面《そとづら》（誰が誰について学んだとか、どこの学校を出たとか）ばかりが優先する、そうしたもののどこかに大きな間違いがあるように思う。

大事なのは、音楽性、表現力、他の人々をひきつけられる力、要するに才能、心だと思う。近年のクラシック界に大きなミスがあることを痛感するよ。こうしたことを書き始めると、長くなりすぎちゃうね。

（中略）

Ｍｉｅのいま持っているお金すべては１６５０ＤＭ（約17万円）です。

夏休みのバイト、かなり厳しそうですが、22〜23万円入るので、Ｙｅｓの答えを出しておきました。

自分でもお金を稼ぐこと、少しは考えなくては。休暇中は今まで旅行ばかりしてたけど、自分でお金稼ぐことをしなければね。

（後略）

大切なのは音楽性、表現力、他の人々を引き付けることのできる力。
才能、心。
手紙にはそう書き記されています。
名声は、後からついてくるもの。

伝えたかったことがちゃんと受け継がれているようで、頼もしく感じました。このころから、家族と離れていても娘はちゃんと成長している、伝わっているんだと心から思うようになりました。

（1974年2月5日の消印日付）

今回のテスト（2月27日より始まる）は全学期中一番科目が多く、筆記だけで12科目、他3科、作文（これはおそろしく難しい for me）、そして実技4科目。

試験のたびに、言葉の問題から来る苦労を味わいます。

特に一般心理学等、36ページを訳すだけで大変な時間を要し、それに費やす時間が恨めしくてたまらない。実技は心配ないけど。とにかく今回は頭が大変重いです。

1学期に1番を取れたのは、やはり学科がはるかに少なく易しかったからでしょう。実技はオール1（注：最高点）の自信あるけどね。まあ何とかなるでしょう！

日本にいた頃から聡明な美江のことですから、勉強面でアドバイスをしたことはほとんどありません。

ただ、いくら語学ができたとしても手紙に書いてあるような苦労はあるわけでして、どんどん難易度を増す勉強に身体がついていかないのではと案じてもおりました。

その後の手紙では、優秀な成績を収めた報告がありました。私自身も教壇に立ちながら、美江が熱心に試験勉強をしている姿を思い浮かべていました。

そして美江は、ある大きな決断をします。

トロッシンゲン　1974年3月10日

パパ、ママ、お兄ちゃん、お元気ですか？

今日は重大なニュースを書きます。興奮しないで気楽に、気持ちをゆるやかにして聞いてね。

というのは……実はこれは去年から計画されていたことだけど、はっきりとはしていなかったので書かなかったんだけど、モーサーさんが、何と国立のハノーファー音楽演劇大学（ドイツ内では、いま最も進歩的なところ。また、ベルリン、フライブルクと同じくらいレベルの高い音楽大学）で新しくアコ科の設立に成功し、約4カ月にわたっていろいろと交渉をし、多分今年の10月から始まることが決定しました。

（中略）

彼女は今年の秋、10月からハノーファーへ行くの。彼女としては100％Mieを一緒に連れてゆきたいらしい。

もちろんハノーファーはトロッシンゲンと比べものにならないほど程度が高いし、多くの優秀な音楽家はいるし、〝音楽〟を、そして他のこともたくさん学べることでしょう。

ユーゴスラビアの女の子とハンブルクから来てる女の子（共に良い奏者）の二人は、ハノーファー行き決定です。

Mieとしては何とも言いがたい。

トロッシンゲンに残ってここの学校を終え、そしてさらに国立で、というのが（世間から見た場合）最もいいけれど、モーサーさんが言うには、Mieはまだ17才、良いチャンスは早ければ早いほど良いと。

フェット氏は、彼女の新しい職の成功を少し手伝ったようです。

これは非常に難しい問題です。

モーサーさんが出ていってしまったら、トロッシンゲンには全く教師という人はいないし――。

国立では奨学金が出るかもしれません。

あまりに突然のニュース、驚かないでね。パパ、ママ、お兄ちゃんの意見を聞かないと何とも言えません。

本当に学ぼうと思ったらハノーファーの方がもちろんずーっと良いけど、生活するのはトロッシンゲンが良すぎる。特にこの美しい自然から目を離すことはできないよ。時間はまだまだあるから、ゆっくりじっくり考えて、いつか返事を下さい。

今回は長くなったけど、長いこと書かなかったんだもん、許して下さい。休暇になったらまた書きます。

（中略）

体に気をつけて！　じゃ、またね。おやすみなさい。

From Trossingen with my all love!! Your Mie

トロッシンゲンの恩師が、名門・ハノーファー音楽演劇大学に転籍し、アコーディオンの専門課程を設立するとのことでした。美江もハノーファーに移って学びを深めたいとのことです。

日本に戻らずさらにドイツに残るという彼女のその決断を尊重し、もう少し詳しいことが分かったら教えるようにと返事を出しました。するとすぐに、こんな手紙が返ってきました。

トロッシンゲン　1974年3月22日

ママ、手紙どうもありがとう！

トロッシンゲンはここ2、3日ものすごーく暖かくなり、素晴らしい天気。嬉しくて嬉しくて胸がいっぱいです。こんな天気は本当に何カ月ぶりかな。

自転車で朝少し走ったの。風はまだ涼しいけど、太陽の光を直接体に感じられることの喜びはとても言葉では言い表せない。

それから小鳥が鳴き始めたの。

この自然はMieをいつもとても素直にしてくれ、反省の心を与えます。

全く、この自然と音楽の結びつきの強さを改めて感じます。


（中略）


小鳥の声と、ラジオから流れるショパンのマズルカが、実によく調和してるよ。こうしてママに手紙を書いてると、一人でいることがちっとも苦じゃない。

ハノーファーの件（中略）、Mieにとって、今は自然の美しさと音楽が一つのものなので、都会へ行くことに少し抵抗も感じるけど、将来を考えると、表面上の名の高さや良い音楽家を知るためには、やはりプラスになるのは間違いないでしょう。

しかしまだ時間はあるのだから、あまり心配しないように。

日本、特に東京の音楽大学の音楽のやり方、考え方とはやや異なり、自然からの音楽の中に暮していているので、名目はどうでもいいのです。で、やはり17才という年齢を考えると、他の厳しい競争の世界も知らなければならない、ほかのところで生きることも知らねばならないと思うのです。

昨夜、ヘッセのゲルトルート（注：邦題「春の嵐―ゲルトルート」）を読み終えたの。ヘッセの考え、自然を背景とする人間の生きるところ、感動して寝付けなかった。

じゃ、また。元気でね！

トロッシンゲン　1974年3月29日

パパ、ママ、お兄ちゃん、お元気ですか？

明後日からSchoolが再び始まる。

ハノーファーの件、今年の10月かどうかまだはっきりしてないの。というのは、ドクター・フェットが、Ｍｉｅたちのクラスが卒業するまでモーサーさんに留まるよう言ったので。

この学校（注：トロッシンゲン市立音楽院）の卒業証書を持っていることはやはりプラスでしょう。

Ｍｉｅとしてはここの学校でアコをみっちりやって、少なくともモーサーさん程度にまでなって卒業し、ハノーファーへ行ったら本格的に音楽を身につけたい。


（中略）


アコの短い歴史、曲目、狭い範囲、ｅｔｃ．。もちろんＭｉｅはアコを主科としてやるけど、できたらピアノと二つ取りたいのです。そしてほかの音楽理論（和声、歴史、聴音、ｅｔｃ．）もやるつもりです。

ママ、いつかボンカレー送って。台所があるので温かいものが食べられて、胃には非常にいいです。

この休暇中、ほとんど毎日スパゲッティを食べました。ミートソースうまいの作れるよ。

　トロッシンゲンは相変わらずです。

　みんな元気でね！　では、また。

Your Mie

　その後、トロッシンゲンでの恩師が、ハノーファーの国立大学に新設されるアコーディオン科の教師として10月1日に赴任することが決まったそうです。恩師といえどまだ25才の若さで、これは信じられない昇進とのこと。

　美江の手紙によると、ハノーファー音楽演劇大学はドイツ国内で最も自由的な考え方の大学で、楽器部門はトップレベルだそうです。

　娘自身は今後、自らの生活費を個人レッスンと通訳業で稼いでいくつもりで、ハノーファーでは主科（本科）をアコーディオンとし、ピアノも加え二つの楽器を学んでいくことを決めました。

　一つの楽器だけでも大変なのにと心配する気持ちがなかったわけではありませんが、美江は「この道を進む」と決めたら、絶対に譲らない性格です。遠く離れていても、応援する気持ちに変わりはありませんでした。

1974年5月10日

（中略）

ハノーファーへ行ったら、自分一人で稼いで学ぶ生活を始めるよう、決心しました。お金のことは一切気にしないで下さい。Mieの方へはもうじゅうぶんお金出してもらったのだから、これ以上はやはり困難でしょう。

都会での生活を再び始める。この自然の中から離れるのはとてもとてもつらいけど、17才という年を思う時、やはり学問を一番にしなければね……。

多分9月末に引っ越しをするでしょう。フェット氏をはじめ、学校の人もこの話には信じられないほど感激して、ハノーファーの大学進学がいま望める最高の地だと、フェット氏も大感激。

美しく楽しく豊かな自然の中の生活、都会での学問をやるための厳しい生活、ハノーファーでの最初は、絶対易しくはないでしょう。

Ｍｉｅはこれからもっともっと頑張らねばなりません。またまた目標が高くなり、嬉しくなります。

パパ、ママ、お兄ちゃん、身体にはくれぐれも気をつけて!!! また書きます。

じゃ、またね。

Ｍｉｅ

ここまで強い思いでハノーファー行きを熱望しているのならば、美江の行く道を応援するだけです。

「目標が高くなり、嬉しくなります」という言葉。待ち受ける困難を予想しながらも、なんと強い眼差しかと感心しました。

ただ、この道を歩むということは、同時に、これから先も美江がドイツの地で長らく生きていくことを示唆することでもあります。

この約２カ月後、美江は、当時の東ドイツ・クリンゲンタールの「国際アコーディオンコンテスト」青年の部で、2年連続となる1位に輝きました。

トロッシンゲン　1974年5月22日

パパ、ママ、お兄ちゃん!!
トロッシンゲンからの手紙を、こんなに大きな喜びを持って書くのは初めて。思い出すたびに胸がいっぱいになり、何と知らせて良いか分かりません。

（中略）

とにかく今回は精神的不安が非常に強く、（1）去年運良く1位になれた。（2）今回はソビエトが来る。（3）曲目を音楽性困難なものにしたので理解されるかどうか。

（中略）

パパ、ママたちに知らせて何カ月も心配させ、あげくのはて3位、4位という結果ではあまりにもみじめなので、何も言わずにいて本当にごめんなさい！

今日は全ての喜びを込めて書ける。

（中略）

今は本当に嬉しくて、幸せでいっぱいです。何も言わなかったこと、ごめんなさい。本当に心配かけたくなかったの。突然の電報で驚いたでしょう？　水曜日（5月15日）が二次予選で夜の10時に結果が分かり、次の朝すぐに打ったの。その夜は嬉しくて眠れなかった。この喜びをすぐ伝えられないこと、また、一緒にこの場で味わえない淋しさを少し感じたの。去年よりもこの〝1位〟に対する喜びは大きかった。

（中略）

1. Mie Miki　33・00
2. Sylvie Flamin（仏）　32・43
3. Detr Dreser（チェコ）　31・80
4. Anna Nagy（ハンガリー）　30・50

5．Ijiljana Duku（ユーゴ）　28・83

第1次予選は0・01の差で何とか1位だったので、2次は本当に緊張してしまいました。2位のフランス人のシルビアはとても良い奏者です。もしかしてハノーファーへ来てモーサーさんの下で学ぶかもしれない。

Mieは5月31日から6月4日まで、フランスのアニュシーという町で開かれるコンテストにまた出るので、休む暇もありません。これは二重奏、いわゆるアコデュエットのコンテストの部に出るので、ユーゴスラビア人のエレオノーラ（何回か書いたけど非常に良い奏者）と二重奏します。何とかうまくいくように祈っています。

（中略）

今日はこれで知らせることが終わっちゃった。とにかくMieは幸せで幸せで、何をしていいか分からないのだ。これから寝ます。みな体にだけはじゅうぶん気をつけて!!　じゃ、またね。

Mie

Mieの小さい頃の写真、本当にありがとう!!

レナーテ、カローラ、すごい笑ったよ。

美江は、ハノーファーの受験準備に追われるようになりました。勉強のさなかにも手紙のやりとりは続きました。こちらからは東京の日常や季節の移りかわりについて記したり、家族とのやりとりを伝えたり。何気ない文章をつづりながらも、美江の身体のことばかり気遣っていました。

トロッシンゲン　1974年7月9日

パパ、ママ、お兄ちゃん、お元気ですか？
Mieは今、ハノーファーの入試のためにかなり練習しなければならないので、先生方とも話し合って、特別クラスというクラスにいます。

（中略）

少なくともピアノ、アコともに1日3～5時間練習するので、非常にやりがいがあります。ただ、夜になるとぐったりです。
フェット氏とも先週話し合いをしたら、彼が言うに「ピアノとアコの二つをやるのは大変難しい。もしあなたがドイツの子だったら私は無理だと言うけど、あなたは日本人で、その勤勉さをじゅうぶん表してくれた。ピアノとアコを両方やりたいのならおやりなさい。その才能と努力はじゅうぶん持っているのだから」とのこと。大変やさしく親切に話し合ってくださいました。

（中略）

9月20日ごろまではトロッシンゲン宛てに手紙を出して下さい。そのころ引っ越しします。

（中略）

Mieは元気ですから心配しないで！　じゃ、また。バイバイ。

Mie

受験勉強の一方で、通訳のアルバイトも続けていたようです。フランクフルトから約30キロ離れたヴィースバーデンという街では、日独計約160人のお役人さんの団体通訳までやってのけたそうです。朝6時から夜11時、12時ごろまで一日中休む間もなしで、肉体的にも精神的にも疲労困憊《こんぱい》だったとか。

勉強やアルバイトに疲れると、トロッシンゲンの近隣の野原に出掛けているのだそうです。「世界中で一番美しい日の入りが見られるところだよ」と教えてくれました。

野原の先にはうっそうとした森。

森に入ってゆく太陽、空の色、カラス、牛……。

森にはウサギもたくさんいるそうです。2時間ほど歩けば、夜にはぐっすり眠れるのだとか。

ヨーロッパで休暇といえば、みなイタリアやスペインへ出かける人が多いようですが、娘は「こういう静かな自然の中でこそ、最も素晴らしい休暇を過せるのではないかと思うよ」としたためていました。

トロッシンゲン　1974年8月22日

Mein liever Papa（親愛なるパパ）!!
ママからの速達をいま受け取り、パパ入院の知らせを聞きびっくり仰天してしまいました。そんなにひどいとは思ってもいなかっただけに本当に驚き、考えるだけでゾッとします。カイヨウなの？　なんでも食べちゃいけないんでしょう？　長いこと入院しなくちゃいけないの？

（中略）

こういう時、遠くにいることを一番恨めしく思います。

（中略）

パパ、夏休み中は休む間もなく動いていたから。日本はそれに暑いもんねー。
お兄ちゃんは毎日何をしていますか？　Ｍｉｅはいよいよ入試も近く、練習ばかりしています。

（中略）

パパのことだから、病室にいても絶えずいつもなにか書いてることでしょう。でも今は休むことだけを考えてください。

ママ、お兄ちゃんにくれぐれも宜しく!!!　時間なんてまだまだ十二分あるのだから、焦らずのんびりとしてください。

とにかく早く回復するよう祈ってます。頑張ってね！　じゃ、また。　　　Ｍｉｅ

正さんが体調不良で倒れた時の手紙には、家族を気遣う娘の思いがあふれていました。こういう時にそばにいられないのは家族としては何よりも不安でつらいものですが、数千キロ離れていても、家族は家族です。決して途切れることのない絆でつながっていることを改めて感じました。

こうした思いは今でもずっと持ち続けています。

ハノーファーでの新しい生活が迫った１９７４年初秋、美江からの手紙が届きました。

トロッシンゲン　１９７４年９月４日

パパ、ママ、お兄ちゃん、お元気ですか？
パパはもう退院したの？　いろいろと大変だったことと思います。
パパからもらった手紙、大変大変嬉しく読みました。特にニュースのところなど、大変勉強になったよ。

（中略）

トロッシンゲンはもうすっかり秋。冷たい風が吹いています。
もう何日かでここを出るのかと思うと一日一日が本当に貴重に感じられ、やはり時々少し淋しくなります。
フェット氏も10月１日に引退。校長の座を降ります。

（中略）

30年ここで勤め、いろいろ大変だったと思う。Ｍｉｅがハノーファーへ行くのは正しいことだと言っていました。

フェット夫人が「主人と私はＭｉｅを自分の子どものように思って見てきたので、離れていくのは大変つらく思うけど、子どもにとって一番正しい道を進んでいくこと、また、進めることは、大きな幸せでもあるからね」と。

パパ、ママに、もしドイツに来たら必ず寄ってくれるように、泊まってもらってもいい、私たちは大歓迎する、と言っていました。

（中略）

昨日、小包届きました。Ｍｉｅの喜びようも想像できる？　ママの優しい気持ちには何と言っていいか分からない。小さいもの、かわいらしいものに本当に心がこもっていて。

ジーンズ、小さいほうピッタリです。オレンジの上着兼ブラウス、こういうのすごく好きです。パンタロンもピッタリ。ベージュのとてもステキなブラウス、かわいーい赤のスーツとネグリジェ――、学校用に大変良いブラウス、Tシャツ。

それからトマトの形をしたカバン。これ、ものすごい!!! ドイツ人、目を丸くして見てたよ。こんなステキなカバン見たこともないよ。

赤い手さげ楽譜入れカバン、欲しかったので嬉しかった。藁《わら》風に編まれたカバン兼小物入れ、すごく気に入りました。

何よりも感激したのは、ソルジェニーツィンの「ガン病棟」。ドイツ語版でぜひ少し読みたいと思ってたの。ママはどうしてこうもＭｉｅの欲しいものズバリと分かるのか全く不思議なくらい。

シール、便せん、ママ本当にありがとう!!! 暑い中本当に大変だったと思います。

朝起きた時、また全部一通り着たり眺めたりして、一人でニヤニヤしたり。日本製品には本当に種類がたくさんあるね。

みな体にだけは気をつけてね。また書きます。通訳の件、新聞集めて送ります。

じゃ、またね。

Your Mie

美江とやりとりした手紙は数百通。今でもすべて手元に残しています。大切な大切な娘との、家族の交流の証です。

◇

当時、ドイツへの送金には制限がありました。東京駅にある中央郵便局まで行かないとお金が送れません。1回にいくらまでという制限もありました。千代田線で二重橋駅に出て、東京駅まで歩いて手続きをします。月のうち何回か往復していました。

大晦日には、電話でのやりとりもしていました。下宿している家で、大晦日には電話を使いなさいと勧めてくださったそうです。

こちらから電話をかける時は、国際電話の交換台につながれます。

「西ドイツにお願いします」と言うと、「少々お待ち下さい」。やがて「西ドイツでございます」と出た交換手に番号を伝え、しばらく待って、やっと美江の下宿先につながるのです。海をまたいだ外国でも、スマホなどですぐにつながる現代からは到底考えられないことですね。

忘れられないのは最初の年、１９７３年の大晦日。９月に出発したばかりの美江は、年末年始に帰国をするはずもありませんでした。

いくら美江がしっかりしているとはいえ、16才の娘が一人、異国の地で生活を始めて３カ月。覚悟を持って夢を追いかけたにしても、実家から離れて暮らすことも初めてで、ましてや言葉も文化も違い、心の支えとなる家族とのやりとりも手紙だけ。そんな中、出発してから初めて言葉を交わす機会でした。

下宿先の電話口に出ると、美江はもう言葉が出てきません。

「はい」

と言ったきり、泣きだしてしまいました。久しぶりに家族の声を聞き、感極まったのでしょう。

そんな娘の心情が伝わり、なんだかこちらまで胸が詰まり、受話器から聞こえるすすり泣きを聞いていました。

「ドイツでもちゃんとやっているから、大丈夫だよ」

しばらくして、娘はようやく絞りだすようにそう言いました。

自然に囲まれたトロッシンゲンや学校生活自体は本当に充実していて、周囲の皆さんが温かく守ってくれていたそうです。

文字だけでも伝わるものはありますが、やはり声を聞くというのはまた違ったありがたみがあることを改めて感じました。

◇

正さんがドイツを訪れたこともありました。

それは１９７４年の暮れ、12月24日から翌年1月7日までのクリスマスと年末年始の休暇のことでした。正さんは職場の方たちとのヨーロッパ旅行を利用して、到着後は一人美江の元へ行く別行動をすることにしました。

日本酒などを買って、フェット先生などお世話になっている方々への贈り物をたくさん持って行きました。

滞在中は美江とともにトロッシンゲンからドイツの西部、南部を周遊したり、田舎のレストランで七面鳥のローストや、手打ちうどんのようなシュペッツレという麺料理に舌鼓を打ったり。娘のピアノ演奏を聴きながらシャンパンで乾杯し、旅を満喫したようでした。

離れて暮らす娘の勉強ぶりをフェット先生たちに聞いたところ、美江はトロッシンゲンに来てから約3カ月で日常会話にはほぼ不自由しなくなり、教授陣を驚かせたのだと教えてくださったそうです。

年越しの瞬間はミュンヘンで過ごしました。あちこちで花火が打ち上げられ、新しい年の始まりを父娘で祝いました。

読み取れない部分も何カ所かあるのですが、正さんが残した旅のメモには、こう書き記されています。

1975年1月6日

Intercontinental hotel の一夜が明ける。いよいよＭｉｅと別れる日となった。会うは別れのはじめとはいえ、体が震えてくる。朝起きて美江がまたマッサージしてくれというのでマッサージしてやると、朝食後、なんとなく２人でぴったりくっついてしまう。一寸《ちょっと》二日酔い気味。９：００出発。

どんよりした天候の中をバスで空港へ。

（中略）

Ｍｉｅの髪をなでながら無言。ときどきＭｉｅが小さなチョコレートをくれる。とても息苦しい30分がたっていく。手持ちマルク１５０ＤＭ全部を渡す。

いよいよ出国。ガラス戸の内と外で別れる。

二人とも無理して笑う。

「ここまでくると日本に帰りたくなるね」とＭｉｅがポツリと言う。

でも涙を我慢している。

一旦出国手続きを済ませた後、土産物を買う時〇〇さんに１００ＤＭ借りた。土産を買った時ＤＭで釣りをもらったので、Ｍｉｅに渡したいと思い、Police に頼んだ。

ライフル携行のPoliceが外に出してくれたが（滅多にないこと）、Ｍｉｅの姿はない。３階レストランに行っていると思っていたが、Ｍｉｅはすでにテラスに一人出ていて、そこに着くためには外から回る必要があり、時間がない。悔しいが涙を呑む。

バスに乗り外に出た。Ｍｉｅがいた。

飛行機に搭乗する時、グループの先生方や搭乗員の温かい心遣いで、私だけタラップに一人残してくれ、遠くから手を振る。風の中を赤いオーバーコートのＭｉｅが狂ったように手を振っている。きっと泣いているのだろう。

私はネクタイを取り、思い切り振った。

エンジン始動。それでもはるかかなたにＭｉｅが見える。

別れるとはこんなにもみじめなものか。

私はついにＭｉｅを置いてコペンハーゲンへ。

アウフヴィーダーゼーエン、Ｍｉｅ！

◇

このメモから少しさかのぼりますが、１９７３年5月、トロッシンゲン市立音楽院在学1年目の美江は、当時の東ドイツ・クリンゲンタールの「国際アコーディオンコンテスト」青年の部で1位に輝きました。当時、16才でした。

翌年5月には、同じコンテストで連続1位を獲得。6月にはフランス「アニュシー国際アコーディオンコンテスト」二重奏の部で1位。10月にはトロッシンゲン市立音楽院に在学のまま、国立ハノーファー音楽演劇大学に入学を果たします。

そして市立音楽院を首席で卒業し、１９７６年2月、西ドイツ国家認定音楽教員の資格を取りました。

娘は日本には戻らず、ドイツでの暮らしを続けることとなりました。

いま、「Mie Miki に教わりたい」という学生が、世界中からドイツに集まってきます。

ハノーファーでは、ピアニストのゲオルク・フリードリヒ・シェンクとの出会いがありました。心優しきゲオルクはピアノ科の先輩で、その後、美江の生涯のパートナーとなりました。

いま私の手元には、最初に美江にアコーディオンを手ほどきしてくださった伴先生の教則本があります。１９６１年、先生が手書きで書いてくださったものです。

「こんな小さい子の教則本は出ていないから」

４才の教え子のために伴先生が毎回書いてくださったのです。

全音符から始まって、二分音符、四分音符、付点がついて、だんだんと難しくなっていきます。音楽家の道筋を照らしてくれた最初の光であるこの教則本は、アコーディオン奏者として生きていく美江にとっての源流となりました。

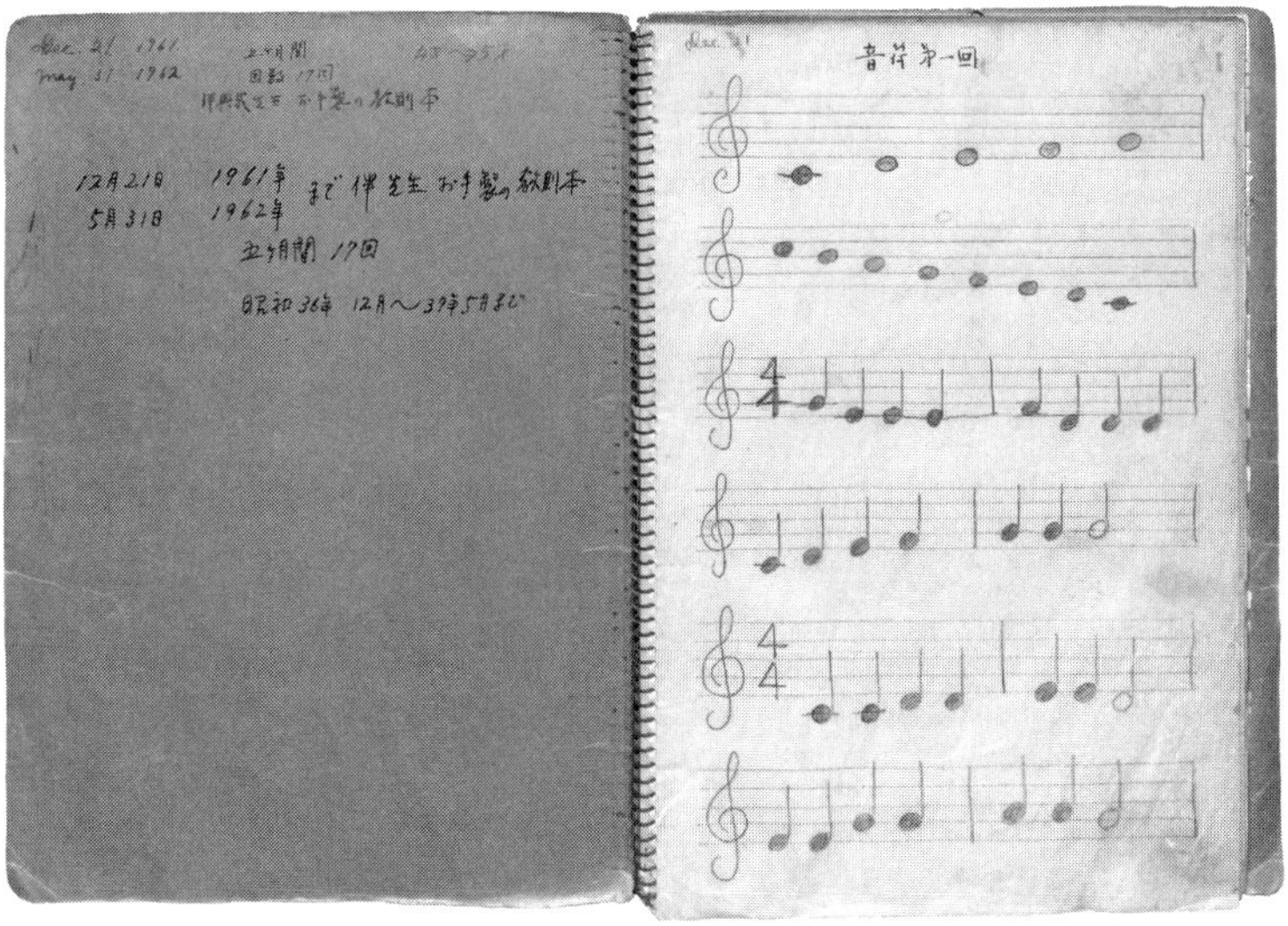
音符第一回

Dm
A
Gm

第ヨ楽章：母はこうして生きてきた

私は1925（大正14）年11月3日、石川県の金沢市で生まれました。江戸時代、前田家百万石・加賀藩の城下町として発展した金沢の街は、前田家の奨励を受け、加賀友禅や漆器、九谷焼などの美術工芸が広まりました。街の中心には犀川が流れ、日本家屋の古い家並みが連なって、しっとりした風情が残ります。当時、新聞社に勤めていた父の仕事上の関係で、我が家は金沢に住んでいました。私は二人姉妹の妹として生まれました。

金沢時代、周りの子どもたちはみな、お琴の教室に通っていました。そういった文化に金沢らしさを感じます。私たち姉妹もご多分に漏れず通わせてもらいましたが、私は姉とは異なりまったく上達しませんでした。

「お姉ちゃん、待って！」

教室へと走る姉を一生懸命追いかけては転んで、追いかけては転んで、やっとのことで教室にたどり着いても、ひざの擦り傷が痛くて正座もできません。痛がる様子を見かねたお琴のお師匠さんは、呆れていたのか諦めていたのか、私に楽な姿勢でいるようにと勧

め、とてもお稽古になりません。
毎回そんな感じでしたから、私はただぼんやりと姉のお稽古を眺めるばかり。上達の度合いに差が出るのも当然です。

姉はとても芯が強く、男の子相手のケンカでも決して負けませんでした。そんな姉のことが私は大好きでした。
一方の私は、男の子と話すことさえ怖がるような、臆病なところがありました。男の子と同じ場所にいると思うだけで震えてしまうのです。そのため両親は、金沢市内に1校だけあった、女子だけの小学校に通わせてくれました。

やがて父の転勤で、私たちは東京に引っ越します。

帝都・東京の西の端、武蔵野に居を構えることになり、私たち姉妹は三鷹の森にある明《みょう》星《じょう》学園に入学することになりました。

学校があるのは、東京府北多摩郡三鷹村牟礼。最寄り駅は、当時「省線電車」と呼ばれていた路線の吉祥寺駅です。ホームの中央には素朴な木造の待合室がありました。

うっそうとした木々のなかに、清らかな池のある井の頭恩賜公園への階段を降り、橋までの一帯は杉木立でした。池のほとりには桜の木が並び、春には美しい花が咲きます。

今でこそ住みたい街のランキング上位の常連で、休日には老若男女でごった返す吉祥寺ですが、この頃の武蔵野の台地は今よりもずっとずっと牧歌的で、静かな森や、のどかな畑の風景が広がっていました。

吉祥寺駅から歩いて十数分のところに私たちの学び舎がありました。私が入学した当時、明星学園は武蔵野台地を流れる玉川上水を挟み、男子部と女子部の校舎がありました。

当時の女学校（注：高等女学校。現在の中学・高校にあたる）は5年制で、1学年30人の1クラス編成。一年生から五年生の五つの教室が、横一列の木造校舎の中に並んでいました。

この明星学園は一風変わった校風を持ち、型にはまった教育ではなく、おおらかな教育を実践していました。ここで、私の人生に大きな影響を与えたものと出逢いました。それが、クラシック音楽でした。

朝から雨が降り続く、そんな日の朝会は、皆そろって大きな理科室に集められました。そうしてその理科室で、晴れの時の朝会とは違い、クラシック音楽のレコードがかけられるのです。

雨の日のクラシック。旋律をただ追いかけるだけではなく、先生は雨粒が当たる窓ガラスを見つめながら、古今の作曲家たちの生い立ちや、背景となった当時の社会のことなどについて詳しく説明してくださいます。

例えばショパン。

新たな境地を開いた作曲家・ピアニストであること。「ピアノの詩人」とたたえられ、世界的に親しまれていること。ワルシャワを離れてウィーンに旅立ったところ、故国ポーランドでの反ロシア暴動、独立革命失敗の知らせを聞き、それ以降、故国の土を踏むことはなかったこと。パリに移り、いろいろな思いを抱きながら数々の名曲を残したこと——。

そんなストーリーを、レコードを聴きながら話してくださったのです。

美しく切ない音色とともに、聞いたばかりの話を頭の中でぐるぐる回しながらショパン自身の思いを想像し、私は神妙な気持ちになりました。

そして、バッハ。

ドイツ・バロック音楽を代表する作曲家で、西洋音楽史の集大成といえるバッハは、私の大好きな音楽家です。

(なんと美しいのだろう!)

清澄で荘厳なバッハの旋律が理科室に流れ始めると、背筋を伸ばし、一音たりとも聞き逃すことのないよう集中しました。まるで静かな森の中にある教会に迷い込んだかのような穏やかな気持ちになるのです。

私は今でもバッハの紡いだ音楽を愛し続けています。心を落ち着かせ、自分ではどうすることもできない偉大な自然の流れを感じ、その流れに身を任せてみようという気持ちになってくるのです。バッハの音楽にはそんな不思議な力を感じます。

◇

女学校では四年生と五年生が定期的に交代で先生に連れられ、吉祥寺駅から都心へと向かう日もありました。日比谷公会堂で「新交響楽団（新響）」という楽団が青少年のためのコンサートを開いており、それを聴きに行くのです。「新響」は今のＮＨＫ交響楽団の前身にあたります。

その当時から、新響の音楽会は東京中の人々に大人気でした。若いうちから音楽会を身近に感じられたことは、私たち子どもにとって、とても幸せなことでした。

吉祥寺駅から電車に揺られていると、ワクワクドキドキしてきます。またあの素晴らしい音楽を聴くことができる。今回はラヴェルかな、ドヴォルザークかな。

日比谷公園の緑の木々は鮮やかで、井の頭公園のそれとも、また趣の異なる光を放っています。都会の空気を存分に吸い、いざ会場へ。

オーケストラとは、なんと素晴らしいのでしょう。ヴァイオリンの美しく整った音色、チェロ、ヴィオラ、コントラバス。弦楽器のふくよかな音に、金色にきらめく金管楽器の鋭い音が相まって、音楽は厚みを増し、心を満たしていきます。

クラシックは本当に素敵です。私は日比谷公会堂に行くたびに深い感動を覚え、すっかりクラシック音楽のとりこになりました。

また、明星学園では、四年生ぐらいから古典の授業が始まりました。現在話されている言葉とは少しだけ異なる、いにしえの日本の世界です。柿本人麻呂などの文章を読みながら、私は古典の世界も好きになりました。

この頃になると、友だちと将来の夢を話し合う機会も増えてきました。古典が好きでしたから、ゆくゆくは国文学を学ぶ道に進もうかな……。そんな風に考え始めました。移りゆく季節を描写する言葉に触れたり、こまやかな感情を表す言葉に触れたり。女学校ではクラシック音楽だけでなく、繊細な世界の美しさにも魅了されていきました。

その思いが打ち砕かれたのは、太平洋戦争の戦況がいよいよ悪化した、ある夜のことでした。

居間で食卓を囲んでいると、父が話を切り出しました。

「今やっている戦争は、必ず負ける」

突然放たれた言葉に私はお碗から顔を上げ、父の顔を見つめました。そんなことを口にしてはいけません。万一誰かに聞かれたら「非国民だ」と罵られるに決まっています。

私たちは固唾をのんで、父の二の句を待ちました。

父は、こう続けました。

「この戦争で日本は負ける。だから、英語をやらなければダメだ」

父曰く、敗戦の予想は冷静な人ならば恐らく誰もがついている。今後は日本語よりもむしろ英語に力を入れるべきだ。今は敵国語だけれども、そのうちすぐに学んでいて役立つ時が来る。

押し殺したように話す父の言葉に、私は心を打たれました。学生ながらも私自身、食事の変化や街の雰囲気から、この戦争で日本が勝つということへの確信が持てずにいたのです。父のこの言葉は、国文科に進もうと考えていた私の軌道を変える、大きなきっかけとなりました。

◇

明星学園の女学校では戦時中も英語の授業はなくならず、美術や手芸などとともに選べる教科となっていました。そこで私は、選択授業の一環として英語を学びました。英語の先生はとても厳しく、発音、文法、それから文字の書き方に至るまでみっちりと叩き込まれました。

１９４３（昭和18）年3月、私は女学校を卒業します。その後、吉祥寺の隣町、西荻窪にある東京女子大学の英文科に入学しました。

（さあ、これから英語をもっともっと勉強しよう！）

意気揚々と大学に向かったのですが、待っていたのは学徒勤労動員で働かされる日々。思い描いていたものとは全く異なる大学生活でした。部品をつくる工場で、私たちは黙々と手を動かし続けました。

そして１９４５（昭和20）年８月15日。太平洋戦争、終戦。玉音放送が流れ、長く暗い日々は唐突に終わりを告げました。父の口から「日本は負けるだろう」と聞いていたので、やはり、という気持ちが湧きあがりました。

都心や下町は空襲にやられ街が破壊されていましたが、私たちの住む武蔵野は比較的平穏でした。吉祥寺の駅前に闇市が立った程度で、井の頭公園や、西荻窪を流れる善福寺川のほとりはいつもと変わらぬ様子でした。

そうしてようやく学生らしい大学生活を迎え、終戦から３年後の１９４８年に卒業しました。入学は１９４３年でしたのに、戦時中という事情もあり金沢へ疎開していた時期もあったため、卒業までに５年もかかりました。これは後に息子から「落第したんだね」とからかわれるネタとなっています。

◇

大学を卒業した22才の年、私は母校の明星学園で英語の教員として働き始めました。着任初日。

専門的に学んだ英語の知識を、後輩たちに伝えていきたい。そんな気持ちで、井の頭公園から学校への道のりを弾むように歩いて行きました。

職員室から教室に向かい、ガラガラと教室の引き戸を開けた瞬間、私は思いもかけなかった光景に息をのみました。

（男の子がいる……！）

学園は戦後、男子部と女子部が統合されていました。

私は金沢の小学校にいた時からずっと、女子だけの学び舎で人生を過ごしてきました。大学もそうでした。

しかし、これからは男女共学です。その現実に直面し、本当にびっくりしてしまいました。何しろそれまで男子部と女子部とは玉川上水を挟んで校舎が別でしたから、まるで

「織姫と彦星」が出会ったような感慨を覚えたものです。

◇

着任して間もなく、こんな出来事もありました。

それは１９４８（昭和23）年６月19日のことでした。

その日は授業中にも関わらず、男子生徒や男性教員たちが何やら騒がしくしています。私の教室にもその声が響き、まるで授業になりません。教室の扉から顔を出して、

「いったい、どうしたんですか？」

と尋ねました。

すると、男の子たちが口々に返します。

「玉川上水で土左衛門があがったんだって！」

当時、玉川上水は今のようなせせらぎではなく、たっぷりの水が滔々《とうとう》と流れていました。男子生徒や教師たちは授業そっちのけで現場を見に駆け出して行きました。

見つかったのは、なんと作家の太宰治。「晩年」「ビヨンの妻」「斜陽」などで世評高く、坂口安吾や織田作之助らとともに「無頼派」の代表作家とされています。完結作としては最後に「人間失格」を残し、玉川上水に入水しました。

ご遺体が発見されたこの日は、奇しくも太宰の39才の誕生日でもありました。

「土左衛門だ！　土左衛門だ！」

いよいよ学校中が大騒ぎとなり、とても授業になりません。現在の川の流れからは想像もつきませんが、玉川上水ではほかにも当時、多くの亡骸が発見されていました。

太宰の「桜桃忌」が近づくと、武蔵野の木立と、当時の学び舎を思い起こします。

明星学園は１９２４（大正13）年、新たな教育を目指す四人の若い先生たちによりつくられました。教科書の内容を一方的に教え込むのが当たり前だった時代に、子どもの考えを大切にし、子ども自らが学ぼうとする力を中心に置いた教育を軸とし、令和の今もなお、その方針が受け継がれています。

生徒たちは武蔵野の緑豊かな環境の中、のびのび、すくすくと育ちました。拾ってきた木で木工作品を作ったり、絵を描いたり。当時から芸術の分野を重んじる、自由な学びの環境が広がっていました。

私にとって幸運だったのは、そういった自由な環境で学びを深められたこと、クラシック音楽と出逢えたこと、また、戦時中も英語を学び続けることができたこと、それらに加え、個性を伸ばす教育のもと、長じていろいろな分野で活動する友が得られたことです。

もしも父の一言がなかったら、私は後に英語教師になることはありませんでした。後年、級友たちのちょっとした行動や善意、助けがなければ、美江のアコーディオンの道を広げる機会も得られなかったことでしょう。そもそも多感な青春時代を明星学園で過ごしていなければ、中学生の娘を一人外国に送るという、当時では比較的自由で大胆な考えに至ることもなかったかもしれません。

何気ない一つひとつの出来事がよりあわさり、その後の人生の選択に大きく関わることがあります。また、自分自身が歩んできた経験が、意識せずとも次の世代の子どもたちの未来をも左右すると、つくづくと感じています。

娘の視点②

「ドイツに行きたい！　言葉なんてなんとかなる。飛行機だって電車だって乗りさえすれば着く。バッハが生まれた国へ、映画サウンド・オブ・ミュージックで見たあの夢のような風景のヨーロッパへ、アコーディオンを担いで今すぐ行きたいの、お願い！」

そう懇願した当時13歳の私を、静かに真面目に受け止めてくれた父と母。この二人の宇宙的な視野の広い世界観と、子どもの願いを迷うことなく受け止めてくれた愛情に対して心から感謝したという記憶はありません。

さらに周りから「たった一人で外国へ行かせるなんて」と批判する声まで上がったらしいのですが、両親は当の娘である私に恩着せがましさも危惧も背負わせませんでした。そのお陰で、16歳になった時に念願のドイツでの長期留学が叶いました。

留学手続きはかなり大変だったようですが、ドイツ語習得しか念頭になかった私には、両親の苦労が当時はあまりわかりませんでした。

ドイツに行きたい！

それしかなかったのです。

ただ、この願望に至るまでには私なりに苦難の道がありました。

父にとっての音楽は「人々に喜びと安らぎを与えるもの」で、私が愛するバッハではありませんでした。

歌声喫茶やビアホールで人々が世界民謡に声を合わせる時、アコーディオンで伴奏をして人々を喜ばせ、みなと心を共にする。音楽とはそういうもの。

この原点なくしてバッハを立派な音楽ホールで弾いたところで何の意味もない、という考えを父は私に植えつけようとしました。

子どものころの私はクラシック音楽を心から愛し、バッハの作品は最上で、ビアホールのアコーディオンは嫌いでした。どの曲も馴染めませんでしたし、音程もリズムも曖昧《あいまい》な演奏も耐え難かったのです。そういうわけで、バッハを愛することをまるで思い上がりのように言う父を理解することは到底できませんでした。

そんなある日、母のお友達からトロッシンゲン市立音楽院でのイースター講習会パンフレットが届きました。それを目にした瞬間、「助かった！」と飛び上がるほど嬉しく思いました。日本を離れることは、バッハへ近づくことのような気がしたのです。

それから30年近くが過ぎた1998年の暮れ。両親の金婚式のお祝いが東京の某ホテルで行われ、私たち一家はたくさんの友人、知人、親戚から華やかに祝っていただきました。けれどそのパーティーの終盤になって、父はなぜか悲しそうな表情で寂しそうに立っていました。

戦争で多くの友人を失った父にとって、こんなパーティーなんか本当はしちゃあいけない、とでも思ったのでしょうか。私はその時ハッとし、ほんの少しだけ、父の音楽観が見えたように感じました。

それが風景であれ部屋であれ、立つ位置次第で目に入るものは異なります。同じ場所でも角度によっては空と地平線しか見えませんし、別の角度からは人々でにぎわう街並みしか見えないように、半世紀前の父と私は、同じ場所にいたというのに視界の違いで衝突していたのかもしれません。

そんな時、母はいつも間に入って、とりなすこともなく意見を言うでもなく、さら～っと優しく存在していました。

昔の手紙を読んでいくと、違う角度から映る風景がどんどん入ってきて、父と母と兄が三人でこれほどまで、どんな時も私を応援し援助し理解してくれていたことが分かり、胸が熱くなり、心は痛みました。

好きなことと、嫌いなこと。それがあまりにもはっきり分かれていた私は、家族にとってさぞかし疲れる存在だったことでしょう。

第4楽章：夫がアコーディオンを愛した理由

日本での正規教育が望めないアコーディオンを選んだ理由。そこには夫の正さんの、人生を通した考えが関わっていました。

私たちは1949年に結婚しました。正さんは私立学校の教員として長く教壇に立ち、日本ソフトボール協会の理事も務め、ソフトボールの普及や五輪種目採用などに力を尽くしました。2003年、天国へ旅立っています。豪放磊落《ごうほうらいらく》な人でした。

生まれは、海峡の光煌《きら》めく山口県下関市。中学ではずっと野球に明け暮れていたそうで、卒業後に東京へと移り、早稲田大学高等学院を経て、早稲田大学の政経学部へと進みました。

大学進学とほぼ同時に兵役で甲種合格となり、正さんは兵隊さんに取られます。瀬戸内海にある島で、船舶兵として訓練を受けたのだそうです。そこはいわゆる「海の特攻隊」とでもいう部隊。敵の船めがけて激突し、沈める訓練をさせられる部隊でした。

東京に出て大学生活を謳歌するはずが、死を前提にした日々を過ごす生活に一変。いつ自分が、あるいは、いつ仲間が命を失うことになるかも分からない。そんな思いで日々を過ごしていました。
仲間が船に乗ることを命じられる日――それは、遠い世界へ旅立ってしまうことを意味していました。正さんは毎日、瀬戸内海の島から見える鷲羽山《わしゅうざん》に向かい、合掌しました。

（凪《な》いだ海。
カモメの飛び交う青空。
いったい、なぜ。
なぜ、こんな思いをしなければならないのか。
お国のため？
お国のためとはいえ、なぜ……。）

きらめく白波を背に、正さんはいつまでも手を合わせ続けたそうです。

8月15日、玉音放送が津々浦々に流れました。

正さんは故郷・下関に帰りました。かつての懐かしい街は無残にも焼けただれ、自宅は空襲で全焼し、庭の灯籠だけがわびしく立っていたそうです。

私も正さんも、戦争の時代を生きた人間ではありました。でも、正さんのように、兵隊に取られた若者、とりわけ兵役から帰ってきた人の心のうちは私とは比べられません。死と隣り合わせに生き続けなければならなかった――。

その思いは、私には想像することさえできません。

戦争から帰り早稲田大学に復学した正さんは、政治学科の一年生として大学生活を始めることになりました。正さんにとって、待ちに待った日々のスタートです。

首都・東京は終戦直後の混乱を極めている状況でした。新宿や上野の駅には、家を、家族をなくした人たちであふれ、戦争の爪痕が生々しく残っていました。

正さんはある日、友だちに誘われ、大学からほど近い新宿の街へと出掛けました。

有象無象の人が跋扈《ばっこ》する大通りから少し奥に入り、あるお店のドアを開けました。店の看板にはこう書かれていました。

『歌声喫茶』

ドアの先に広がる光景に、正さんは言葉を失いました。

そこでは、若者たちが大きな声で歌っていました。ロシア民謡です。

（こんな世界があるとは……。

ほんの少し前まで自分が過ごしていた、死と隣り合わせの日々。

あの日々は一体、何だったのか！）

後年、その時のことを「モノクロの世界」から一気に「カラー」に変わったかのような衝撃を受けた、と語っていました。

確かにそうだと思います。少し前まで、彼は「海の特攻隊」でした。特攻隊ということは、そこから出ていく人たちは全員死んでいく定めだったわけです。

ぶつかって、沈めて、相手だけではなく、自分も――。まさに死地に赴く任務です。

正さんたちが背中を見つめ、送り出していった方々はみな亡くなっています。

瀬戸内海の島で訓練を続けながら、正さんたちは生と死の狭間のモノクロの世界に生きていました。それが、戦争が終わり大学に戻ったら、こんなに色鮮やかな世界がこの世にあったとは！

「トロイカ」「モスクワ郊外の夕べ」「一週間」……。

朗らかに歌い笑い合う彼らの歌声を、豊かな音色で伴奏する楽器がありました。アコーディオンです。その楽器こそが、この世界に彩りを添えている存在のように見えました。

正さんは生まれて初めてアコーディオンを目にしました。蛇腹を通り抜けた空気が旋律となって空間に解き放たれていく。その空気の温かみを感じ、戦時中の記憶との対比から、まるで息が詰まるような思いでした。

（「軍国少年としての矜持」？　そんなものなど、もはや、ない！）

この瞬間に戦中派の考えから完全に解放された正さんは、心が躍りました。

新しい時代がやってきた。

アコーディオンが紡ぎ出す旋律に、気分は高まりました。

（こんなに楽しい楽器があるなんて……。）

正さんには妹さんが二人おり、二人ともピアノを習っていたそうですが、「楽しそうに弾いていた」という記憶はありませんでした。

（音楽って、こんなに楽しいものなのか。

アコーディオンとは、なんと素敵な楽器なのか！）

新宿の歌声喫茶でその場にいる全員が楽しそうに歌う姿は、音楽がいかに素晴らしいものであるか、どれだけ人生に彩りを添えるものなのか、初めて正さんが気付いた瞬間だったそうです。

私はお琴はからきしでしたが、女学校時代からクラシック音楽を聴いて育ち、音楽が大好きになりました。たおやかなショパンの調べ、ベートーヴェンの迫力、チャイコフスキーの華麗さ、バッハの重み。数え上げればきりがありません。でも、正さんが音楽を好きになった理由は、私のそれとは次元が異なっていたのです。

戦争で常に死を意識していたところから脱却し、歌声喫茶で軽やかに流れるアコーディオン。正さんにとって、アコーディオンは平和の象徴となりました。

「競うものではなく、奏で合うもの、協奏するもの」

音楽をそのように捉えていた正さんは、だからこそ幼い美江に、ピアノではなくアコーディオンを勧めたのです。

私は今、つくづくと思うことがあります。それは、音楽とは、生きることに対する肯定であるということです。

◇

兵隊にとられていた時、正さんが配属された瀬戸内海のその島には、文字どおり死と向き合って仲間を送り出す日々がありました。

終戦から数十年が過ぎ50代になった時、正さんが「どうしてももう一度、あの島に行きたい」と言いました。

そこである時休暇を取り、決心して瀬戸内へと出向きました。

市役所で「この島に行きたいんだけれども、交通の便は」と尋ねると、市の職員さんは答えました。

「無人島ですから、交通手段はありません」

「なぜ、その島に行きたいのですか？」

事情を話すと、職員さんは心を打たれたらしく、港の船頭さんに掛け合って船を出してもらえることになりました。

凪いだ海に出て陸を振り返ると、あの日々と同じく、鷲羽山が見えました。正さんは数十年前に毎日していたように、静かに目を閉じ山のほうに手を合わせました。

何十年も抱えていた思いを果たし、往復の船賃を支払おうとすると、船頭さんも市の方も、どうしても受け取ろうとしません。

「あなたのような経験をした人たちがいらっしゃるから現在の私たちがおります。お代なんて、もらえるわけがありません」


島を訪れた正さんの思い。

美江にアコーディオンを勧めた思い。

そのどちらにも、私は深く共感します。

正さんとは同年代ですし、私も従兄弟に戦死した者がおります。元気だった人が突然いなくなってしまう。それがどんなにつらいことか。よく分かります。

こうした思いは、私たちの世代でないと分からないものだと思います。「生と死」が自分の身近なものとして「ある」感覚。分別がつく年齢で、戦争を生身のものとして記憶としている世代は、もう本当に少なくなっていることでしょう。

◇

戦争が終わってから、都内の大学ではいろいろな勉強会が開かれるようになりました。大学同士の交流ができるようになった一方、東京女子大は当時、男子禁制でした。金沢の小学校も東京の明星学園時代もずっと女性だけの学び舎におりました私は、男子学生と話したり、お付き合いしたりすることは皆無でした。

そもそも私はとても弱虫で、姉とは違い幼稚園にも行きませんでした。その理由も、男の子が怖かったからです。ずっと女の子だけの学校に通い続けたのも、弱虫だったから。それまで家以外では周りは全て女の子だけ、という環境で過ごしてきました。

ところが時代が変わり、あちこちの大学で経済研究会、政治研究会、文学研究会などが開かれるようになりました。

東京女子大学の生徒は、早稲田大学の学生さんと一緒に勉強する機会があり、私もおそるおそる勉強会に出るようになり、そこで正さんと知り合い、その後、結婚しました。

１９４９年のことでした。

正さんはその後神田女学園という学校の教員になり、ソフトボール部顧問として熱心に指導を続けました。ソフトボールを五輪の正式種目にするべく、日本ソフトボール協会専務理事も務めていました。一所懸命働いて、毎年、アメリカの本部へ行って会議に参加していました。そんな意志の強さや行動力は、娘の美江に受け継がれていると思います。

美江の兄・和《かず》は3才年上。穏やかで、一人暮らしの私をいつも気にかけてくれます。妹とは本当に仲が良く、美江の帰国の度に、何を差し置いても迎えに行ってくれます。

和はきっと「留学したい」と言い出すようなタイプではなく、温かく周囲を支えるタイプです。こうした四人の家族それぞれに役割分担があってこそ、とりわけ、兄である和の優しさが我が家を包んでいるからこそ、美江も音楽家として安心して世界に羽ばたいて行けたのだと思います。

私自身は出産を機に十年間、家事に専念していましたが、子どもたちが学校に上がると、近所にある女子高で週3回、時間講師という形で復職することになりました。その頃に経験したあることがきっかけで、後年、13才の美江を一人ドイツのイースター講習会に向かわせる決断ができたのかもしれません。

それは私が43才の時のことでした。

勤務する学校の計らいで、英語研修のプログラムに参加することになったのです。私にとっては初めての海外渡航。研修先はアメリカのケンタッキーでした。

そのわずか半年後、今度は美江が初めてドイツに渡ることになるのですが、まだこの時は家族の誰一人として美江を単身外国に送るだなんて夢にも思っていませんでした。

私の留守中は、中学一年生の美江が家事の全般をやると申し出てくれました。

研修期間は約3週間。初めて国際線の飛行機に乗り、長時間のフライトを経て、アメリカの地に降り立ちました。

アメリカの州立大学での夏期講習プログラムでは、英語教育の現在や、コミュニケーション法などについて体系的な学びを得ることができました。プログラムに参加しながら、私自身これまで抱いていた考えがどんどん変わり、アップデートされていくのを感じました。

(人間はみんな同じなんだ。当たり前のことだけど、アメリカ人も日本人も、みんな同じ人間なんだ。）

アメリカでの受け入れ先の人々は、私たち受講生のことを一番に考えてくださり、いろいろな講習の計画を説明しながら受講生の意見も尊重してくれました。

日本を長らく留守にして、家族には迷惑をかけたかもしれないけれども、「人間だれしもみな同じ」という気付きは、それはそれは大きな発見でした。この気付きこそが、その半年後に美江をドイツへ送り出す時に心配を感じないようになった、一つの大きなきっかけとなりました。

どこの国の人であれ、人と人とが尊重し合えるのならば、ちゃんと受け入れてもらえるはず――。研修を通じてそんな確信めいたものがついたのです。

自分の気持ちを外国人に対してオープンにできるようになったことは、大きな収穫でした。人間のことを本当の意味で信頼できるようになれましたし、安全面は考慮すべきとしても、どんな国であれ、人種やことばの違いがその地に赴くことを懸念する理由にはなりません。外国へ行くことに対し、喜んで勧められるようになったのです。

もしかしたら、大げさに思われるかもしれませんね。

でも、考えてもみてください。

何しろ私の青春時代は戦争ばかりでした。日本も１９４５年まで戦争を続けていて、私は終戦の年に20才になったわけですから、いくら私が英語の教師をしていても、外国人に対する思いはどうしても複雑なものがあったのです。率直にいうと、外国の方に対して怖いとさえ感じる、警戒感や猜疑心のようなものがありました。

それが、研修でアメリカの人と接してからというもの、そういった気持ちが薄れ、人間は同じだということが心から実感できたのです。この渡米経験は、私のものの見方を大きく変えた出来事でした。

後に子どもたちに私の不在時のことを聞いてみたら、「寂しいなんて思わなかった」「楽しかった」「むしろママがいなくて寂しがるパパの新たな一面を見られて嬉しかった」と口をそろえており、安心しました。

普段は「昭和の父親像」を地で行くような正さんで、どちらかというと亭主関白な面がある人でしたが、この米国行きに関してはとても誇らしく思っていてくれたようです。周囲には「うちの女房を海外に出した」と話していたとか。１９６９年の話ですから、そういう家庭はだいぶ珍しかったことと思います。

正さんは下関の旧家の、わりと四角四面、きちっとした家庭で育ちました。もしかすると最終的には、美江だけでなく私にも思い切ったところがあり、それを尊重してくれたのかもしれません。

◇

滞在中、ニューヨークに住む明星学園時代の友だちから聞いていたフィラデルフィアの音楽学校へ視察に出かけました。美江が将来アコーディオンを学ぶために留学するに値するか、確かめてみたかったのです。

フィラデルフィアの音楽学校まで行ってはみたのですが、私にはその学校が何だかしっくり来ませんでした。風紀が悪いというか、まじめに学べるような環境ではないように思われたのです。ニューヨークの友だちからも「勉強はともかく、同じアメリカにいるとしても、フィラデルフィアではあなたの娘の安全までは守れない」と言われるような治安だったからかもしれません。

さて、どうしようと思っていた矢先、降って湧いたようにドイツ・トロッシンゲンの話が出たのです。こうした順番が少しでも違っていたら、美江のドイツ行き、ひいては現在のアコーディオン奏者としての活躍はなかったかもしれません。

◇

前述の通り、トロッシンゲン市立音楽院に進んだ後、美江は国立ハノーファー音楽演劇大学に進みました。そこで彼女は、ピアニストのゲオルク・フリードリヒ・シェンクと出逢い、結婚します。

優しい性格のゲオルクのお父さまは、戦後日本の鉄産業に貢献した方でした。お父さまが日本出張からドイツに帰ってくるたび、ゲオルクはお土産を包んでいる日本の紙の独特な香りをかいでは喜びに浸っていたとか。「日本」というものが、彼の頭の中では「良い」

というイメージになっていったそうです。

見知らぬ異国への淡い憧れ、香りの記憶が、美江への恋慕へと影響を与えたのかもしれません。


美江は、やりたい道に進み、仕事もちゃんと与えられて、自分ならではの人生を歩みながら、周りの人にも恵まれてきました。でも、苦労もたくさんしていると思います。最初は言葉も文化も分からなかったわけですし、社会に出てからもそして現在も、口にしない苦労はたくさんあることでしょう。

母国を離れ、家族から離れ、アコーディオンの勉強をし、職を得て、大学に勤め、副学長にまでなる現在に行き着くまでに、大変な道のりを歩んできたと思います。

心ないことを言ってくる人は、いつの時代にもどんな場面でもいるものです。私が思うのは、「分からない人には、分からない」ということです。

１９７０年のあの日。13才の美江をドイツに行かせようと走りまわっていた折、冷ややかな言葉もかけられました。

「なぜ年端も行かぬ娘を一人外国にやるのか」

「無責任だ」

そんな批判が聞こえてきましたが、私たちは和や美江それぞれの資質や性格を見て、その人生の一助となることを懸命に考え、調べ、行動し、やってきました。その先は、我が子をどれだけ信じられるかの一点かと思います。時代がいくら変わっても、親にできることはそれだけです。


正さんが生きるか死ぬかの戦争体験をしているということは、あまりよそ様には申し上げておりません。

兵隊となり島に行き、切々と鷲羽山を眺めていた気持ちや、大学へ戻って歌声喫茶で感じたことは、さぞかし強烈だったことと思います。

戦時中、私自身は親の家が金沢にもありましたので、戦争があまりにひどくなってからは東京から金沢へ疎開していました。そのため死と直接向き合うような強烈な体験はしていません。同じ時代を生きてはいても、正さんは「海の特攻隊」でしたから、私には想像もつかないような死生観を持っていたことと思います。

かつて配属された島へ行ってみたら、島は無人島となり、文字通り草ぼうぼうで、正さんが20代の若者だった頃とは姿が変わっておりました。しかし、そこから眺める鷲羽山は、死地へと赴く仲間を見送った数十年前となんら変わらぬ姿を見せていました。そのことも、正さんは胸を突かれる思いがしたと言っていました。

一言で「鷲羽山」と言っても、たとえば〝そこに登ったことがある人〟と、死を身近に感じながら〝その山並みを拝んだ人〟とでは、抱く思いはひどく異なるはずです。

同じものを見ていても、戦争体験を背景にすると見え方はまったく異なってきます。新聞には戦争を語り継ぐ特集が時折掲載されますが、それを読んで心の底から何かを感じ取る人は、そう多くないのではないでしょうか。メッセージに込められた背景が分からなければ、受け止められません。それを「理解しろ」というほうが無理な話です。

正さんは、「死と向き合っていた」という話を多くの人に語ることはありませんでした。私に対してでさえ、かなり後になってから話してくれました。

そういった背景から、アコーディオンを究めようとする娘を応援している。それを知らずに批判だけをする人の言葉は、真に受けなくてもいいのです。「分からない人には、分からない」のです。

また、正さんが口癖のように美江に言っていた言葉があります。

「音楽は人の心を豊かにするものであって、競争したり、何かを犠牲にして打ち込んだりするものではないよ」

私も全く同じ考えを持っています。美江が、生き物の呼吸のように音を変え、彩りを増しながら協調していくアコーディオンという楽器に触れ、惚れ込んだことを、私は誇りに思います。

こんな人生の終盤にコロナなんていうものがやってくるとは、予想もしておりませんでした。

コロナ禍の制限は、私にとってはある意味戦争中よりもつらく感じます。友だちや家族になかなか会えず、外出もままならず、それがいつまで続くかも分からぬ日々が続くことは、大きなストレスでした。

特に私は90代後半の「超高齢者」。周りが心配するのも当然でしょう。とはいえ、人混みのあるところに出掛けない、感染対策を徹底する、それ以外にどう気をつければいいのでしょうか。

一人暮らしの生活には慣れていますが、人は本当の意味では一人では生きられません。誰かと、あるいは何かと関わって生きています。音楽や絵画など、自分の好きなものに触れることで生を実感することも大切なことです。

息子の和には口を酸っぱくして「じゅうぶん気をつけるように」と言われておりましたが、こっそり都心に出て展覧会を鑑賞してきたこともありました。もちろん、タクシーを使うなど自分なりの対策は心掛けました。ドイツの美江にそれを報告したら、受話器の向こうから苦笑いが聞こえてきました。

アコーディオン奏者として世界で活躍する美江と、温和で家族思いの和。美江が日本に帰って来るたびに囲む団らんのひとときに幸せを感じます。

予想だにしなかったコロナ禍は、家族や、周りの人々とのつながりがいかに貴重で、かけがえのないものであることかを教えてくれました。

アコーディオンが奏でる調べはそれ自体も輝きを放ちつつ、他の楽器との協調がこの上なく美しいのが良いところだと思います。

私は美江の奏でるアコーディオンが、「競争」ではなく「共奏」するこの楽器の懐の広さが、大好きです。

もうすぐ、私がこの世に生を受けてから100年を迎えようとしています。

東京タワーとスカイツリーを見晴らす眺めの良い一人暮らしの部屋で、私は今日も新しい朝を迎えます。

ありがとうござい
大好きな

最終楽章：G線上のアリア

私の暮らす東京湾岸部の住まいは高層階にあって、東京の街を三方、見わたすことができます。

季節によって光は変わり、空気の香りも変わっていきます。東京湾へと流れゆく広大な川の水面は、日によって、季節によって、そして私たちの心のありようによって、そのきらめきを変えていきます。

大正、昭和、平成、令和と、四つの時代を生きてきた私にとって、かけがえのない存在――それは家族です。その私たち家族をつなぐ一つの大きな存在が音楽だと思っています。

若い時分から音楽に親しむ環境があったのは幸運でした。クラシック音楽に親しむうち、私はバッハに出逢い、その楽曲の素晴らしさを知りました。とはいえ細かいことは何一つ分かりません。ただ純粋に、バッハの曲を美しいと思うのです。

夫の正さんも私も学校の先生でしたから、忙しい毎日を送っていました。

特に正さんはソフトボールを日本で広めるためにいろいろな活動をしていました。家にいない時間が多く、帰って来ても深夜です。お酒を飲んで、お仕事の仲間を誘って我が家に帰ってくるのです。

昔気質《かたぎ》のところがある人でしたから、家では怖い存在になることもあったでしょう。仕事に打ち込んで家にはあまりいないし、気難しいところもありましたから、子どもたちにとっては大変な父親だったかもしれません。けれども正さんが子どもたちを愛し、子どもたちを信じていたことは、私は誰よりも知っていました。

正さんが亡くなった時、教え子たちが大きなメッセージボードを贈ってくださいました。教育者として愛された人でした。素晴らしい人間だったと思います。

長男の和は、身体が大きく優しい子で、いつもいつも家族を気遣って、自分のことは後回しにしています。いっときお医者さんの道を目指しましたが、最終的に教職の道に進みました。そんな和も本当に多くの生徒たちに慕われて、頼りがいのある先生として、定年に至るまで勤め上げました。車で1時間弱の場所に住んでいて、高齢で一人暮らしの私のことを何かと気遣い、世話を焼いてくれます。和の優しさがなければ、家族の輪はこんなに強固になっていなかったことでしょう。

そして、美江。ここから先は、美江に宛てるつもりで書きます。

自らが決めた道を、着実に、堅実に突き進む美江ちゃんは、和と同じく私の宝です。

美江が奏でてくれるバッハはどうしてこんなにも私の心を癒してくれるのでしょう。きっと、ただ楽譜通りに弾いているだけではないのね。一つひとつの音に、魂を込めているというのかしら、バッハが音楽で伝えようとした思いを、さらにはっきりと歌ってくれているような気がします。

パパが美江にアコーディオンを勧めた時、正直に言うと「どうしてピアノじゃないんだろう、どうしてアコーディオンなんだろう」と不思議に思いました。アコーディオンという楽器に込められた思いを後から聞いて、その理由に居住まいを正すような心持ちとともに、アコーディオンという選択は正しかったのだと確信もしたのよ。美江ちゃん、アコーディオンで良かったわね。

コロナがまだおさまりきらない年末の演奏会に招いてくれた時、それはそれは寒い日だったけれど、とっても温かい気持ちになりました。お客さんもたくさん来てくださって、みんな、笑顔になっていた。

家にこもり、我慢を重ねてきて、ずっとずっと、美江の音楽を生で聴きたかったのです。

だから、美江ちゃんのアコーディオンを、みなさんと、家族と一緒に聴くことができて本当に幸せでした。大田智美ちゃんとの息もピッタリだったわね。

また新しい朝が始まるでしょう?

朝が来ると、たっぷりの光が私たちの部屋を照らします。

どんな場所でも誰にでも、朝は光をもたらすでしょう。

だから、また美江ちゃんたちと過ごす明るい朝を楽しみに、おいしいお菓子をたくさん用意しておくわね。

みんながまたそろう次の日まで、美しい音楽を聴いて、待っていますからね。

エピローグ　呼吸し、呼応し、奏でていく

東京・築地の「浜離宮朝日ホール」、２０２２年12月22日。

アコーディオン奏者・御喜美江と、彼女の教え子・大田智美による「アコーディオンデュオリサイタル」の後半の幕が開いた。

４曲目は39才で早世したポーランドの作曲者アンジェイ・クシャノフスキー（１９５１〜１９９０）による『エコー』。１９８１年、美江のためにアコーディオンとチェンバロのデュオ曲として書かれ、アコーディオン版として完成されたものだ。和楽器の笙《しょう》の音色を思わせる緊迫した楽曲を、二人は呼応し合いながら響かせた。ピアニッシモの最弱音ま

でを着実に、大切に奏でながら、聴衆の心を貫いた。

美江はかつて、ある雑誌の取材でこう語った。

「アコーディオンの音と響きは、地平線のようなものではないでしょうか。地球の裏側にも同じ風景がずっと続いているのではないかと想像させてくれるように、『聴こえるか、聴こえないか』というギリギリのところまで音の世界を延ばしていくことができるからです」

（日本航空機内誌『ＡＧＯＲＡ』２０１１年４月号）

アコーディオンは、奏でたい音が奏でたいタイミングで鳴るというたぐいの楽器ではない。文字通り楽器と一心同体となり、ともに生きているように演奏していく。

神の声を聴くような静謐《せいひつ》さを保った『エコー』の次は、チェコ国民楽派を代表するドヴォルザーク（１８４１〜１９０４）の舞曲集から2編を。故郷ボヘミアの民族的な雰囲気をまとった、哀愁や情感に満ちた楽曲だ。

アコーディオンは、かくも豊かなバリエーションの音を出せる楽器であるのかということを、見せつけられるような時間だった。

6曲目は、またガラリと様相を変え、現代音楽の世界へ。ちょうど美江がトロッシンゲンやハノーファーで勉学に励んでいた1974年から翌年にかけて作曲された、『TIERKREIS（黄道十二宮）より　水瓶座、さそり座、しし座、魚座、乙女座』だ。作曲したのは現代音楽作曲家シュトックハウゼン（1928〜2007）。もともとオルゴールのための作品で、12の星座をメロディーとハーモニーで表現したという。モチーフが聴衆に親しみやすいぶん、とっつきにくいイメージを持ちがちな現代音楽も、楽しく聴ける楽曲に構成されている。

この日、演奏会のラストを飾ったのは、アルゼンチン生まれで「タンゴの革命児」と呼ばれた作曲家ピアソラ（1921〜1992）の『オブリヴィオン（忘却）』と『エスクアロ（鮫）』。

最初の『オブリヴィオン（忘却）』は、1984年公開のイタリア映画『エンリコ4世』

（マルコ・ベロッキオ監督）のために書かれた作品。次の『エスクアロ（鮫）』はアルゼンチンで流行していた「チョウザメ釣り」をモチーフに書いたという。作曲したピアソラはバンドネオン奏者・タンゴの楽団指揮者でもあった。『エル・デスバンデ』などの独創的なタンゴ曲でアルゼンチン音楽に新風を吹き込み、『ロコへのバラード』などで知られる。

美江は語る。

「ピアノは鍵盤を見ながら弾くことができますが、アコーディオンは見ることができません。だから頼りになるのは耳だけです。そして指と身体が記憶した感覚で弾いているのです」

（日本航空機内誌『ＡＧＯＲＡ』２０１１年４月号）

コロナショックで演奏活動が中断してから３年あまり。ようやく、一つの同じ空間で美江のアコーディオンを聴くことができるようになった。

情熱的な旋律。

心の鎮まる旋律。

どんな音符群も、美江の楽器を通すことで閃光を発し、唯一無二の光を放っていく。

演奏会が終わり、美江は母・晶子のもとに近づいた。晶子は微笑み何度もうなずきながら、久しぶりの娘の名演を讃えていた。

世界を牽引《けんいん》するアコーディオン奏者・御喜美江を生み、その背中を押し続けたのは、まぎれもなく晶子であった。

10代前半の少女だった美江を、一人で、しかも五十年も前の時代に遠いドイツへと送り出した。

迷うことのない強い意志を持つ娘ではあっても、時には悩んだり望郷の念にかられたりしたことは何度もあったはずだ。

娘からの手紙の行間ににじむメッセージを読み取り、娘のコンディションを察知して、晶子は手紙を送り、小包に思いを託し、郵便局に通い続けた。

その後ろ姿を、美江の柔和な兄・和はずっと支えながら過ごし、今は亡き夫の正は、そんな家族のことを誇りに思って生きてきた。

演奏会が終わって30分が経過しても、舞台裏の楽屋では、久しぶりの熱演を称賛する観客からの挨拶がひっきりなしに続いていた。その表情は誰もが喜びに満ちている。

少し離れたところで、母・晶子は笑みを浮かべながらその光景を見守っていた。

◇

２０２３年２月18日　御喜晶子　永眠　享年97才

前日もなじみの美容院に出掛け、いつも通り髪を整えてもらいながらおしゃべりを楽しんだ。一人暮らしの自宅の部屋には、後日出掛ける予定があったのか、おしゃれ好きな晶子の数々の帽子が並べられていた。

葬儀では、美江が大田とともにバッハを奏でた。

御喜晶子

1925（大正14）年11月3日　石川県金沢市で生まれる
1943（昭和18）年3月　明星学園女学校　卒業
4月　東京女子大学英文科　入学
1948（昭和23）年3月　東京女子大学英文科　卒業
4月　明星学園高等学校に英語科教諭として就職
1949（昭和24）年3月　御喜正と結婚
1953（昭和28）年7月　明星学園高等学校を退職
10月　長男・和　誕生
1956（昭和31）年9月　長女・美江誕生
1963（昭和38）年4月　江戸川学園女子高等学校に英語科講師として就職
1969（昭和44）年8月　英語研修のため渡米

1970（昭和45）年3月　美江をドイツのイースター講習会（1週間）に送る
1972（昭和47）年9月　美江をドイツ・トロッシンゲン市立音楽院に留学させる
1974（昭和49）年10月　美江、国立ハノーファー音楽演劇大学入学
1981（昭和56）年9月　美江、結婚
1988（昭和63）年3月　江戸川学園女子高等学校を退職
2003（平成15）年2月　夫・正　逝去
2023（令和5）年2月18日　永眠

刊行に寄せて

御喜　美江

母とは亡くなる2日前まで頻繁にメール交換をしていました。誰よりも返事が早い母でした。

２０２３年2月17日。

母は午後に美容院に行き、その後タクシーでデパートへと向かい、お友だちへのプレゼントを買って帰宅。大好きなアップルパイをテーブルに用意して、遠方に住む10歳下の妹とも長電話をして——そんな母はまだ生きる気満々だったかもしれないのに、翌18日正午、97年の長い人生に幕を閉じてしまいました。

その年にして介護されたことは一度もなく、耳が少々遠くなってはいましたが、眼鏡なしで新聞や文庫本の文字も追い、買い物リストも必要としない記憶力の持ち主でした。兄はいつも「僕たちの母上は偉大だ！」と感心していました。


母はなぜか空港が大好きでした。

いくつになっても、どんなに朝が早かろうが天気が悪かろうが、必ず成田空港まで一緒に来て〝荷物番〟をしたがるのでした。

亡くなるひと月前の1月9日。私がドイツへ戻るその日も、まだ辺りも暗い朝の4時半に一人起き出しました。さっさと身支度を整え、スカーフからネックレス、ブローチに至るまでの完璧コーデは97歳になってもお見事なもの！　とはいえ足はすこぶる鈍くなっていたので、混雑を心配した兄は空港の車椅子を借り、私たちの到着を待っていてくれました。

今まで車椅子のお世話になったことのない母が難色を示すのではとチラリと頭をよぎり

ましたが、

「〝車椅子デビュー〟が成田国際空港だなんて、カッコイイわねぇ！」

と、スイスイ進む車椅子にご満悦。まるで女学生のような可愛さで、その場にいた一同みんなが笑ってしまいました。

ご機嫌な母を背に手荷物検査を済ませ、私が階下のパスポート検査場へ降りる前に階段のガラス越しにお互い手を振るという、何十年も続けてきた「別れの儀式」もいつもと変わりありませんでした。

けれど、出国審査を済ませ一人になると、なぜか突然「母とはもう二度と会えない」という予感に襲われました。

そう思ったら途端に悲しみが込み上げて、誰もいないロビーの片隅で私はしばらく泣いていました。

できることなら母の元に引き返したい。

そう切に思いましたがどうすることもできず、搭乗時間まで一人泣きました。

告別式は偶然にも父の二十回忌の日でした。

母が亡くなり、それから49日が経ちました。

亡くなってから6週間、お骨となった母は自宅マンションにたった一人留め置かれ寂しかったかもしれませんが、ようやく天国（はたまた極楽浄土？）へ旅立つ日となりました。それは4月8日の「花祭り」の日、お釈迦さまの誕生日でもありました。

花をこよなく愛し、その年も春の訪れを待ちわび、亡くなる数日前の電話でも、マンションの住人たちとのお花見会を心待ちにしていました。

きっと、春風に乗って美しい花畑を眺めながら、天国への素敵な旅路を楽しんだことでしょう。


13歳の娘をたった一人で異国の地へ送り出した勇気ある母、いつも子どもたちを信じてくれた賢い母、太陽のように明るい笑みを絶やさなかった母。

4月8日、天国へゆっくりと昇ってゆく母を、私ははるかドイツの地で、手を大きく、大きく振ってお別れしました。

さようならママ、また会う日まで——。

この本の完成を誰よりも楽しみにし、半世紀前の手紙や資料と向かい合い過ごした日々。それは彼女の人生の最終楽章における、何よりの生きがいであったと思います。

子どもに対する寄り添い方の模索に時間と労力を惜しまない編集者の小森風美さん、執筆に協力してくださった加賀直樹氏。本書の刊行に向けて、いつの時も優しく温かく、そして忍耐強く母・晶子に接してくださったご両名に、言葉では言い尽くせないほどの心からの感謝と尊敬の念を表します。

母はこの世を去りましたが、一冊の本は永遠に生き続けます。

2024年7月

娘よ、ドイツに行ってみたら?

13才のアコーディオン留学

令和6年7月20日　初版第一刷印刷
令和6年7月30日　初版第一刷発行

著　　者　御喜 晶子
執筆協力　加賀 直樹
発 行 人　町田 太郎
発 行 所　秀明大学出版会
発 売 元　株式会社SHI

〒101-0062
東京都千代田区神田駿河台 1-5-5
電　話　03-5259-2120
FAX　03-5259-2122
http://shuppankai.s-h-i.jp

印刷・製本　有限会社ダイキ

ISBN　978-4-915855-50-4